Contabilidade para Pequenas e Médias Empresas

Contabilidade para Pequenas e Médias Empresas

Um Enfoque Gerencial para Contadores, Administradores e Empreendedores

2020

Fernando Cafruni André

ACTUAL

CONTABILIDADE PARA PEQUENAS E MÉDIAS EMPRESAS
CONTABILIDADE PARA PEQUENAS E MÉDIAS EMPRESAS
© Almedina, 2020
AUTOR: Fernando Cafruni André
EDITOR DE AQUISIÇÃO: Marco Pace
REVISÃO: Marco Rigobelli
DIAGRAMAÇÃO: Almedina
DESIGN DE CAPA: Roberta Bassanetto
ISBN: 9788562937279

Dados Internacionais de Catalogação na Publicação (CIP)
(Câmara Brasileira do Livro, SP, Brasil)

André, Fernando Cafruni
Contabilidade para pequenas e médias empresas :
um enfoque gerencial para contadores, administradores
e empreendedores / Fernando Cafruni André. --
São Paulo : Actual Editora, 2019.

Bibliografia.
ISBN 978-85-62937-27-9

1. Contabilidade 2. Contabilidade gerencial
3. Pequenas e médias empresas - Contabilidade
I. Título.

19-31260   CDD-657

Índices para catálogo sistemático:

1. Contabilidade : Pequenas e médias empresas : Administração 657

Maria Paula C. Riyuzo - Bibliotecária - CRB-8/7639

Este livro segue as regras do novo Acordo Ortográfico da Língua Portuguesa (1990).

Todos os direitos reservados. Nenhuma parte deste livro, protegido por copyright, pode ser reproduzida, armazenada ou transmitida de alguma forma ou por algum meio, seja eletrônico ou mecânico, inclusive fotocópia, gravação ou qualquer sistema de armazenagem de informações, sem a permissão expressa e por escrito da editora.

Janeiro, 2020

EDITORA: Almedina Brasil
Rua José Maria Lisboa, 860, Conj.131 e 132, Jardim Paulista | 01423-001 São Paulo | Brasil
editora@almedina.com.br
www.almedina.com.br

Dedico este livro

À minha mulher, Rosa Maria Arnal Saez, já havia dedicado meu primeiro livro à minha amada mulher e reforço esta dedicatória neste segundo livro com muito carinho, por ser esta mulher o combustível que me mantém produtivo nesta fase da vida, por todo o amor e companheirismo que rege nosso convívio.

Aos meus filhos, Bibiana, André e Fernando Cafruni André Filho, reforçando o que já havia afirmado na dedicatória do livro anterior, sonhos se tornam realidade, não apenas uma vez, mas duas ou mais vezes, desde que se trabalhe muito para realizá-los. Trabalhem, persigam seus ideais e a recompensa virá. Escrever dois livros acadêmicos quando estou completando 40 anos de carreira nesta nobre atividade é mais do que sonhos realizados, é um prêmio por toda a dedicação e trabalho ao longo de todos esses anos.

Aos Yede, maravilhosa família que me acolheu em Curitiba com muito carinho, Vô Miro, Vó Hermínia, Paulo e Regina, Isabel, Elizabete, Simone e em especial às filhas Ana Paula e Fernanda e aos netos Guilherme, Rafaela e Artur, sendo pessoas fundamentais na minha vida.

Ao Dr. Oscar Francisco Fuganti Villanueva e sua esposa, Sueli Gulin Calabrese. Amigos fraternos, Oscar é o médico que me mantem saudável para continuar dando minhas aulas e mantendo minha mente sadia para poder, aos 65 anos, escrever dois livros com temas muito importantes. Além de meu médico e da minha família, Oscar é parceiro fundamental e altamente qualificado em trabalho de ajuda que venho fazendo a centenas de pessoas em tratamentos hormonais pelo diagnóstico salivar.

Homenagem póstuma aos meus pais Alberto André e Lourdes Cafruni André. Meu pai teve passagem marcante pelo Jornalismo do Rio Grande do Sul e escreveu diversos livros. Exerceu também, por várias décadas, o magistério superior, passos que acabei seguindo com muita satisfação. Minha mãe, típica matriarca da tradição libanesa, sempre incentivou o estudo e a grandeza de caráter e sempre foi a grande conciliadora da família. Se meus falecidos pais já teriam ficado felizes e orgulhosos com a publicação de meu primeiro livro, a satisfação seria redobrada com esta segunda publicação. Devo muito a eles, minha formação, educação e caráter, virtudes típicas dos libaneses e seus descendentes. A saudade de vocês é enorme.

Agradecimentos

Aos grandes professores que marcaram sobremaneira minha carreira profissional. Com seus ensinamentos pude chegar até aqui e conseguir publicar mais um livro: Lothario Lourenço Skolaude, João Marcos Leão da Rocha e Mario Guilherme Rebollo.

Professor Ariel Behr, ex-aluno e atual chefe do DCCA (Departamento de Ciências Contábeis e Atuariais) da UFRGS (Universidade Federal do Rio grande do Sul), jovem e promissor talento, sob seu comando desenvolvi as Disciplinas que acabaram se transformando em dois livros de minha autoria, o primeiro publicado em junho/2019 e este segundo, a quem tive a satisfação de destinar o Prefácio.

Professora Mariana Manfroi Bonoto, ex-aluna e colega do DCCA, a quem muito agradeço a preciosa ajuda no roteiro de desenvolvimento da Disciplina que agora se transforma neste livro.

Professora Márcia Bianchi, colega do DCCA e responsável direta por minhas progressões funcionais na carreira do magistério na UFRGS, sua atenção e dedicação têm sido inestimáveis.

Ivone Christimann Meireles, já fiz menção ao seu nome no livro anterior, mas nunca é demais agradecer Ivone por seu incansável trabalho à frente da Secretaria do DCCA, e sei que falo por todos os professores e professoras do Departamento.

IEQ (Igreja do Evangelho Quadrangular de Curitiba), agradecimento especial a todos os Pastores dessa maravilhosa Igreja, especialmente da 3ª IEQ que represento nas pessoas dos Pastores Júlio Silva e João Paulino da Silva, por terem me mostrado o caminho de Jesus Cristo e Deus Pai Nosso Senhor e me ensinado a desenvolver a FÉ, palavrinha tão curta, mas de enorme significado.

Nota do Autor

Com muita satisfação, depois de uma experiência muito bem sucedida com a publicação de meu primeiro livro **Ética e Legislação Profissional – Para Contadores de Nível Superior** (Editora Appris, 2019), e entusiasmado com a repercussão que teve no meio acadêmico, resolvi transformar em livro o conteúdo de duas outras Disciplinas que também leciono na Universidade Federal do Rio Grande do Sul, uma no Curso de Ciências Contábeis, vinculado ao Departamento de Ciências Contábeis e Atuariais da Faculdade de Ciências Econômicas, **Contabilidade para Pequenas e Médias Empresas**, mesmo nome deste livro, e outra no Curso de Administração, **Técnica Comercial**. A primeira, Disciplina nova no Curso e que coube a mim elaborar seu conteúdo, voltado aos alunos ainda em fase inicial, recém tomando ciência da contabilidade e de suas aplicações no âmbito empresarial; e a segunda, também criada por mim há muitos anos, porem sendo constantemente atualizada, voltada a alunos do Curso de Administração, com importantes orientações para sua formação de futuros administradores. Por tudo o que é abordado nesta obra, com certeza haverá interesse também dos futuros empreendedores e de administradores iniciantes.

Muito desta obra é fruto da experiência pessoal de longos anos trabalhando nos segmentos de Indústria e Prestação de Serviços em cargos de Alta Administração e, portanto, com acesso a informações privilegiadas que serão utilizadas neste livro para explicar determinadas situações e de grande valor para orientar quem está recém começando a dar os primeiros passos em busca de uma profissão que garanta o sucesso e para encorajar futuros empreendedores a iniciar seus negócios com preciosos conhecimentos.

As pequenas e médias empresas compõem a grande maioria quantitativa das unidades de negócios no Brasil e por isso merecem das autoridades brasileiras o máximo de atenção, tanto em legislação como em aspectos tributários para o setor além, é claro, dos aspectos econômicos que elas envolvem. Especial dimensão ganhou o Sistema do Simples Nacional que veio a abrigar essas empresas, devido à simplicidade e economia que traz nos aspectos tributários e na simplificação de procedimentos contábeis e administrativos.

Este livro traz nos primeiros capítulos conceitos introdutórios importantes para facilitar o desenvolvimento dos demais conteúdos. Há também uma abordagem prática sobre a atividade de Registro do Comércio cuja principal função é tratar da abertura de empresas e de suas alterações posteriores, mostrando os principais passos para que se planeje a constituição de uma sociedade comercial, assunto fundamental para qualquer profissional contábil que tenha a seu encargo orientar futuros empreendedores. Para os futuros empreendedores, este tópico em particular é de suma importância para que tomem conhecimento das primeiras providências que deverão tomar quando resolverem começar sua vida empresarial. Para os administradores também servirão estas informações porque trata-se de um conhecimento que possivelmente faça parte de seu trabalho, dependendo da sua área de atuação.

Há outros tópicos ao longo deste livro que também interessarão muito aos empreendedores. Obviamente, como já se mencionou aqui, a importância do Simples Nacional requer que sejam abordados seus principais aspectos pois é nesse ambiente que possivelmente atuarão a maioria dos profissionais da contabilidade e da administração, devendo conhecer quais suas vantagens em relação a outras alternativas de tributação. Há um capítulo específico em que se demonstra um exemplo de cálculo com as duas modalidades mais utilizadas no país, o Lucro Presumido e o Simples Nacional.

O livro dedica boa parte de seu conteúdo para explicar aspectos da contabilidade para pequenas e médias empresas, em atendimento às normas do Conselho Federal de Contabilidade e, principalmente, sobre o Modelo Simplificado de Contabilidade e sua escrituração contábil simplificada, com base nas normas NBC TG 1000 R1 e ITG 1000.

São abordados aspectos gerais sobre a ECD (Escrita Contábil Digital) e sobre o eSocial, processos de cunho obrigatório em geral para todas as empresas, com poucas exceções, e de conhecimento obrigatório dos futuros contadores e empresários.

Visando enriquecer os conhecimentos de gerenciamento empresarial, os três últimos capítulos deste livro se dedicam a fornecer importantes noções sobre os controles internos nas empresas, incluindo dois exemplos práticos vivenciados quando desenvolvi atividades de Consultoria e valiosas considerações sobre operações especiais que as empresas podem utilizar e sobre os principais fundamentos dos títulos de crédito e das operações que as empresas podem praticar com esses instrumentos.

O conteúdo deste livro é de conhecimento obrigatório a todos os futuros profissionais de Ciências Contábeis, porém não fica restrito a eles. Alunos de administração e futuros empreendedores ou mesmo quem já está na atividade de empresário encontrarão nesta obra assuntos que certamente vão lhe interessar e despertar a curiosidade de expandir e aprofundar seus estudos, inclusive contratar um bom profissional de contabilidade que se encarregue da escrita fiscal obrigatória e, suplementarmente, lhe preste assessoria, orientando em toda sua atividade empresarial.

Certamente os conteúdos deste livro poderão ser encontrados em diversas outras obras, de forma esparsa e na leitura isolada de normas contábeis ou ainda em obras de Direito Comercial, dificultando a compreensão global, por isso se justifica a compilação de todas essas informações em uma única obra como esta, facilitando o estudo de quem pretende em breve exercer a profissão de contador ou administrador, ou mesmo tornar-se um empreendedor de sucesso.

Boa leitura a todos!

Prefácio

Aquilo que parece inicialmente ser simples, ao nos aproximarmos mostra-se como um mundo inteiro! A contabilidade por si só é assim, e a atenção às pequenas e médias empresas da mesma forma. Todavia, os mundos sobrepostos mostram que além de rica em detalhes, a contabilidade para pequenas e médias empresas é plena de humanidade e tratamentos proporcionais que o contabilista deve adotar.

Nosso (meu e de quem quiser se aproximar desta obra) Prof. Fernando Cafruni André consegue retratar o contexto legal necessário à contabilidade, mas também trazer sua experiência docente e de empresário ao direcionar ricos comentários aos gestores de pequenas e médias empresas.

Na oportunidade em que estou diante da chefia do Departamento de Ciências Contábeis e Atuariais da UFRGS, tendo também sido aluno do Prof. Cafruni, é com muito orgulho que endosso a presente obra como reflexo do profissional que a elaborou: sério e dedicado, humano e detalhista!

Muito obrigado Prof. Cafruni! Desejo uma excelente e proveitosa leitura!

Prof. Dr. Ariel Behr
Chefe do Departamento de Ciências Contábeis e Atuariais da UFRGS

Sumário

1 Conceitos Básicos Introdutórios
1.1 Conceito de Comércio.. 25
1.2 Conceito de Comerciante (ou Empresário — conforme considera o Código Civil)... 28
1.3 Capacidade de Comerciar... 32
1.4 Legalmente Impedidos de Comerciar................................ 33
1.5 Obrigações dos Comerciantes (Empresários) Conforme o Código Civil.. 34
1.6 Sociedades Comerciais e Sociedades Simples (ou Sociedades Civis)... 36

2 Atividade de Registro do Comércio do Brasil
2.1 Obrigatoriedade de Inscrição no Registro Público de Empresas Mercantis... 42
2.2 Conceito de Registro do Comércio.................................. 42
2.3 Fontes de Consulta Sobre Registro do Comércio............... 42
2.4 CRC/RS: Manual de Atos de Registro do Comércio........... 44
2.4 Sistema Nacional de Registro de Empresas Mercantis (SINREM)... 44
   2.4.1 Órgão Central... 44
   2.4.2 Órgãos Regionais: as Juntas Comerciais................ 45
      2.4.2.1 Principais Atribuições das Juntas Comerciais...... 45
      2.4.1.2 Organização das Juntas Comerciais.................. 46
2.5 Tópicos Referentes à Atividade de Registro do Comércio 47
   2.5.1 Diferença entre Sociedade e Associação................. 47

2.5.2 Sociedade Comercial e Sociedade Civil (ou Sociedade Simples) 47
2.5.3 Sociedades Regulares, Irregulares e de Fato 47
2.5.4 Publicidade das Sociedades Comerciais 48
2.5.5 Tipos de Responsabilidade dos Sócios 48
2.6 Nome Empresarial 49
2.6.1 Espécies de Nome Comercial 51
2.7 Nome Fantasia 52
2.8 Site da Empresa 54
2.9 Tipos de Sociedades Comerciais 55
2.9.1 Sociedade em Nome Coletivo 55
2.9.2 Sociedade em Comandita Simples 56
2.9.3 Sociedade em Comandita por Ações 56
2.9.4 Sociedade de Capital e Indústria 57
2.9.5 Sociedade em Conta de Participação 58
2.9.6 Sociedade Empresária Limitada 59
2.9.7 Sociedade Anônima 60
2.10 Títulos Emitidos pelas S/A 61
2.10.1 Ações 61
2.10.2 Forma das Ações 62
2.10.3 Partes Beneficiárias 62
2.11 Direitos e Deveres do Acionista Comum ou Ordinário 63
2.11.1 O Acionista Controlador 63
2.12 Operações entre Sociedades Comerciais 66

3 Planejamento da Constituição de uma Sociedade Comercial
3.1 Como Fazer esse Planejamento 73
3.1.1 A Estimativa do Capital Social 74
3.1.2 Classificação de Atividades para determinar a CNAE 75
3.1.3 Procedimentos Para Registrar a Nova Sociedade 78

4 Prazos de Guarda de Documentos pelas Empresas
4.1 Na Área Comercial e Fiscal 83

4.2 Na Área da Previdência Social 83
4.3 Na Área Trabalhista 84

5 O Simples Nacional

5.1 Breve Retrospecto Histórico 96
5.2 Conceitos de Microempresa (ME), Empresa de Pequeno Porte (EPP), Microempreendedor Individual – MEI) Conforme Lei complementar 123 e alterações posteriores, especialmente a LC 155/2016 97
   5.2.1 Microempreendedor Individual (MEI) 99
      5.2.1.1 Custos e obrigações para o MEI 100
   5.2.2 O Simples Nacional 101
      5.2.2.1 Opção pelo Simples Nacional 104

6 A Contabilidade nas Pequenas e Médias Empresas

6.1 A Importância da Contabilidade para as Pequenas e Médias Empresas 109
6.2 A Obrigatoriedade da Contabilidade para as Pequenas e Médias Empresas 112
   6.2.1 Modelos Contábeis Existentes no Brasil 114
6.3 Entendimento do que vem a ser Pequenas e Médias Empresas para o CFC 118
6.4 Conceitos Elementares para Compreensão da Norma NBC TG 1000 R1 118
   6.4.1 Mensuração de Ativo, Passivo, Receita e Despesa 119
6.5 Demonstrações Contábeis: Modelo Completo 120
   6.5.1 Identificação das Demonstrações Contábeis 120
6.6 Descrição das Demonstrações Contábeis 121
   6.6.1 Balanço Patrimonial 121
      6.6.1.1 Ativo 121
      6.6.1.2 Passivo 121
   6.6.2 Distinção Entre Circulante e Não Circulante 122
6.7 Informações a Serem Apresentadas no Balanço Patrimonial ou em Notas Explicativas 123
6.8 Demonstração do Resultado 125

6.9 Demonstração das Mutações do Patrimônio Líquido e
    Demonstração de Lucros ou Prejuízos Acumulados......... 126
6.10 Demonstração dos Fluxos de Caixa............................. 127
   6.10.1 Divulgação dos Fluxos de Caixa das Atividades Operacionais 130
6.11 Notas Explicativas 131

7 Modelo Simplificado de Contabilidade

7.1 Modelo Contábil para Pequenas e Médias Empresas Conforme NBC TG 1000 Resolução CFC 1.418/12 que Aprovou a ITG 1000 135
7.2 Princípio da Entidade 136
7.3 Princípio da Continuidade 137
7.4 Princípio da Oportunidade 137
7.5 Princípio do Registro pelo Valor Original 137
7.6 Princípio da Atualização Monetária 137
7.7 Princípio da Competência 137
7.8 Princípio da Prudência 138
7.9 Carta de Responsabilidade da Administração 139
7.10 Outras Recomendações Importantes da ITG 1000 140
   7.10.1 Demonstrações Contábeis 141
   7.10.2 Balanço Patrimonial 142
   7.10.3 Demonstração do Resultado 143
   7.10.4 Plano de Contas Simplificado 144
7.11 Principais Aspectos Normativos da Contabilidade para
    PMES – NBC TG 1000 148
   7.11.1 Forma de Escrituração, Critérios e Procedimentos
          Contábeis Simplificados 148
   7.11.2 Estoques: Reconhecimento e Mensuração 149
   7.11.3 Ativo Imobilizado: Mensuração 150
7.12 Receitas 153
7.13 Operações de Arrendamento Mercantil Conforme
    Determinado pela Lei 6099/74 Alterada pela Lei 7132/83
    e Res 2309/96 do Banco Central do Brasil e Alterações
    Posteriores. 155

8 Esclarecimentos Normativos: Orientação Técnica Geral — OTG 1000

8.1 Obrigatoriedade de Manutenção de Escrituração Contábil	161
8.2 Regime de Competência	161
8.3 Lançamentos Contábeis Diários e Mensais	162
8.4 Mensuração e Critérios de Avaliação de Estoques...........	162
8.5 Perda por Desvalorização de Ativo Imobilizado	163
8.6 Reconhecimento Proporcional das Receitas de Serviços Prestados...	164
8.7 Demonstrações Contábeis Comparadas..........................	164
8.8 Notas Explicativas	165

9 Modelo Simplificado de Contabilidade: Escrituração Contábil Simplificada

9.1 Grupos de Contas: Plano de Contas Simplificado	170
9.1.1 Estrutura Básica do Plano de Contas Simplificado.....	171
9.2 Demonstrações Contábeis: Função e Funcionamento das Principais Contas	173
9.3 Função e Funcionamento das Principais Contas	174
9.3.1 Ativo...	174
9.3.1.1 Ativo Circulante	174
9.3.1.2 Ativo Não Circulante................................	178
9.3.2 Passivo e Patrimônio Líquido...................................	180
9.3.2.1 Passivo Circulante	180
9.3.2.2 Obrigações Fiscais: Simples Nacional...............	180
9.3.2.3 Obrigações Trabalhistas e Sociais...................	180
9.3.2.3.1 Obrigações Trabalhistas	181
9.3.2.4 Passivo Não Circulante	181
9.4 Receitas, Custos e Despesas – Contas de Resultado.........	183
9.4.1 Vendas..	183
9.4.2 Custos...	184
9.4.3. Despesas...	184
9.4.4 Passivo Não Circulante	185
9.5 Operações Típicas de Empresas Comerciais Optantes pelo Simples Nacional...	189

9.5.1 Optantes pelo Simples Nacional com Receita Bruta Anual acima do Limite do Subteto Estadual ou Não Optante pelo Simples 190
9.6 Operações Típicas de Empresas Industriais 191
9.6.1 Optantes pelo Simples Nacional com Receita Bruta Anual até o Limite do Subteto Estadual 191
9.6.2 Optantes pelo Simples Nacional, com Receita Bruta Anual acima do Limite do Subteto Estadual ou Não Optante Pelo Simples 193
9.7 Operações Típicas de Empresas Prestadoras de Serviço... 194
9.7.1 Optantes pelo Simples Nacional com Receita Bruta Anual até o Limite do Subteto Estadual 194
9.7.2 Optantes pelo Simples Nacional com Receita Bruta Anual acima do Limite do Subteto Estadual ou Não Optante pelo Simples 196

10 Aspectos Gerais das Formas de Tributação das PMES

10.1 Tributação pelo Lucro Real 200
10.2 Tributação pelo Lucro Presumido 201
10.3 Tributação pelo Simples Nacional 203
10.4 Tabelas de Incidência do Simples Nacional 203
10.5 Procedimentos para Calcular o Imposto a Pagar pelo Simples Nacional 208
10.5.1 1ª Etapa: Identificar qual a Tabela de Incidência 208
10.5.2 2ª Etapa: Calcular qual a Alíquota Efetiva 209
10.5.3 3ª Etapa: Calcular o Valor do Tributo a Pagar 209
10.6 Exemplo de Cálculo pelo Simples Nacional 210
10.7 Exemplo de Cálculo do Imposto pelo Sistema do Lucro Presumido 212
10.8 Considerações Sobre o Lucro Arbitrado: Regulamento do Imposto de Renda Art. 530 217
10.9 O Simples Nacional na Visão dos Estados da Federação 219
10.9.1 O Simples Gaúcho: Lei Nº 13.036/2008 Alterada pela Lei 15.057/2017 219

11 Considerações Sobre a ECD e o eSocial

11.1 ECD – Escrituração Contábil Digital 224
11.1 eSocial 225

12 Orientações Úteis para a Boa Gestão Empresarial – Controles Internos

12.1 Noções Gerais 231
12.2 Recomendações Importantes para a Eficácia de Sistemas de Controle Interno 233
   12.2.1 Responsabilidade e Hierarquia 233
   12.2.2 Contabilização das Operações 234
   12.2.3 Hierarquia e Autoridade para Aprovação de Operações 234
   12.2.4 Rotina de Compras 235
   12.2.5 A Salutar Rotatividade de Empregados 237
   12.2.6 A Questão das Férias 238
   12.2.7 Manual de Normas 238
   12.2.8 A Tecnologia a Serviço dos Controles Internos 239
   12.2.9 O Código de Ética Empresarial 240
   12.2.10 Recado aos Futuros Contadores, Contadores Iniciantes e aos Futuros Empreendedores 240
12.3 Dois Exemplos de Problemas com Controles Internos 241
   12.3.1 Exemplo 1: Problema com Gastos Pessoais da Diretoria da Empresa 241
   12.3.2 Exemplo 2: Problema com Arrecadação e Destinação dos Recursos 243

13 Orientações Úteis para a Boa Gestão Empresarial – Operações Especiais

13.1 Conceitos de Posse e Propriedade 249
   13.1.1 Posse 249
   13.1.2 Propriedade 250
      13.1.2.1 Venda Com Reserva de Domínio: Código Civil — Arts. 521 a 528 251

13.1.2.2 Alienação Fiduciária: Código Civil — Arts. 1361 a 1368 251
13.1.2.3 Penhor Mercantil: Código Civil – Arts. 1431 a 1472 254
    13.1.2.3.1 Penhor de Joias 255
    13.1.2.3.2 Penhor Industrial 256
    13.1.2.3.3 Penhor Rural 256
13.1.2.4 Contrato de Compra e Venda: Código Civil — Arts. 481 e seguintes 256
13.1.2.5 Operações de Transporte: Código Civil Arts. 730 a 756 257
13.1.3 Conhecimento de Transporte ou de Frete ....
13.1.4 Transporte de Pessoas 261
    13.1.4.1 Contrato de Seguros: Código Civil Arts. 757 a 802 262
        13.1.4.1.1 Partes Envolvidas no Contrato: Seguradora e Segurado 262
            13.1.4.1.1.1 Apólice de Seguros 262

14 Orientações Úteis para a Boa Gestão Empresarial – Títulos de Crédito

14.1 Conceito e Princípios 267
    14.1.1 Princípio da Literalidade 269
    14.1.2 Princípio da Autonomia 269
    14.1.3 Princípio da Cartularidade 270
14.2 Cheque: Lei Federal 7357 – 02/09/1985 271
    14.2.1 Modalidades de Cheques 272
        14.2.1.1 Extinção de Obrigação: artigo 28 da Lei do Cheque — Parágrafo Único 273
            14.2.1.1.1 Evitando Pagamento de Cheque no Caixa do Banco 273
            14.2.1.1.2 Cheque com Garantia de Pagamento 273
14.3 Duplicata: Lei Federal 5474 – 18/07/1968 274
    14.3.1 Protesto de Duplicatas: Lei Federal 9492/1997, Alterada em Parte pela Lei Federal 13775/2018 276

14.4 Nota Promissória: Decreto Federal 57.663/66.............. 277
14.4.1 Lei Uniforme em Matéria de LC e NP por Adesão à Convenção de Genebra de 07/06/1930................... 277
14.4.2 Operações Com Títulos de Crédito: válido para Cheque, Duplicata, Nota Promissória e outros títulos..... 278
14.4.3 Cobrança Bancária Simples.. 278
14.4.4 Desconto Bancário... 280
14.4.5 Operações com Factoring.. 280
14.4.6 Caução de Títulos.. 281

Epílogo.. 283

Bibliografia... 287

1
Conceitos Básicos Introdutórios

1.1 Conceito de Comércio

A primeira indagação que logo virá à mente de quem começar a ler este livro provavelmente será: "Por que conceituar comércio e os demais tópicos que seguem? Qual a importância desses conceitos para os contadores, administradores e possíveis empreendedores?"

Muito simples, pois se trata de conceituar preliminarmente o ambiente onde vão atuar, seja como empregados, como autônomos ou como membros de sociedades prestadoras de serviços. Os futuros empreendedores e mesmo os empresários que já estão atuando, precisam conhecer melhor seu ambiente de trabalho e suas características, para melhor desempenharem sua atividade.

Certamente virá também a dúvida do porquê não conceituar também a indústria. Novamente, a resposta é simples porque a indústria também pratica atividade comercial com a diferença de que, antes de praticar a atividade de comércio, há um beneficiamento prévio, uma transformação de matérias primas em produtos para depois serem comercializados.

Etimologicamente, a palavra comércio deriva do Latim, *commercium*, que significa comprar para revender. É uma atividade cujo propósito é realizar, promover ou facilitar a circulação de produtos. É a intermediação habitual entre a produção e o consumo com o intuito de lucro.

O empresário da indústria também pratica atividade de comércio, pois, antes de colocar seu produto final à venda, ele compra matérias primas e materiais diversos para compor sua mercadoria e então vendê-la. Essa compra de insumos para revender como produto final, após beneficiamento e/ou industrialização, também é comércio, já que traz em seu bojo os três componentes mencionados abaixo:

Comércio é a intermediação habitual com finalidade de lucro.
HABITUALIDADE   INTERMEDIAÇÃO   LUCRO

Para que se tenha atividade de comércio, é necessário que estejam presentes os três conceitos citados:

- **Habitualidade:** prática da atividade de forma habitual, como meio de sustento pelo seu trabalho;
- **Intermediação:** prática de intermediar quem produz (natureza e indústria) e o consumidor, seja ele consumidor intermediário (atacado ou estabelecimento que vende para um comerciante) ou consumidor final; e
- **Lucro:** esta atividade de comércio obrigatoriamente tem fins econômicos, ou seja, deve visar lucro.

1.2 Conceito de Comerciante (ou Empresário — conforme considera o Código Civil)

Para entender melhor o **conceito de comerciante**, é conveniente previamente fixar alguns conceitos básicos:

Pessoa Física: toda pessoa sujeita a direitos e obrigações, ou seja, todo aquele que completar 18 anos de idade e não estiver incluído em alguma situação de incapacidade prevista no Código Civil arts. 3º, 4º e 5º (alterados pela Lei 13.146/2015 - Lei Brasileira de Inclusão da Pessoa com Deficiência - Estatuto da Pessoa com Deficiência). Segundo esses dispositivos, as pessoas consideradas como relativamente incapazes devem se tutelados por alguém que assuma esta responsabilidade para se completarem como pessoa física. Em suma, ser pessoa física significa ter **capacidade jurídica**. Segue transcrição destes importantes artigos do Código Civil Brasileiro — Lei Federal 10.406 — de 10/01/2002:

Art. 3º. São absolutamente incapazes de exercer pessoalmente os atos da vida civil os menores de 16 anos.

Art. 4º. São incapazes, relativamente a certos atos ou à maneira de os exercer:
I - os maiores de dezesseis e menores de dezoito anos;
II - os ébrios habituais e os viciados em tóxico;
III - aqueles que, por causa transitória ou permanente, não puderem exprimir sua vontade;
IV - os pródigos.

Parágrafo único. A capacidade dos indígenas será regulada por legislação especial.

Art. 5º[1]. A menoridade cessa aos dezoito anos completos, quando a pessoa fica habilitada à prática de todos os atos da vida civil.

Parágrafo único. Cessará, para os menores, a incapacidade:
I - pela concessão dos pais, ou de um deles na falta do outro, mediante instrumento público, independentemente de homologação judicial, ou por sentença do juiz, ouvido o tutor, se o menor tiver dezesseis anos completos;
II - pelo casamento;
III - pelo exercício de emprego público efetivo;

---

[1] **Nota do Autor:** configurando-se qualquer das hipóteses previstas no Parágrafo único do Art. 5º acima, o indivíduo adquire a capacidade jurídica, tornando-se pessoa física.

IV - pela colação de grau em curso de ensino superior;
V - pelo estabelecimento civil ou comercial, ou pela existência de relação de emprego, desde que, em função deles, o menor com dezesseis anos completos tenha economia própria.

Pessoa Jurídica: *São as sociedades civis e comerciais, constituídas por pessoas físicas, podendo ter como sócios também outras pessoas jurídicas.* Sobre o assunto, seguem alguns artigos do Código Civil:

Art. 45. Começa a existência legal das pessoas jurídicas de direito privado com a inscrição do ato constitutivo no respectivo registro, ... (nas Juntas Comerciais nos casos de Sociedades Comerciais e nos Cartórios de Títulos e Documentos nos casos de Sociedades Civis).

Art. 985. A sociedade adquire personalidade jurídica com a inscrição, no registro próprio e na forma da lei, dos seus atos constitutivos.

Art. 1.150. O empresário e a sociedade empresária vinculam- -se ao Registro Público de Empresas Mercantis a cargo das Juntas Comerciais, e a sociedade simples ao Registro Civil das Pessoas Jurídicas, o qual deverá obedecer às normas fixadas para aquele registro, se a sociedade simples adotar um dos tipos de sociedade empresária.

Empresa Individual: a Lei nº 12.441, de 2011, instituiu a empresa individual de responsabilidade limitada (**EIRELI**), acrescentou novos dispositivos ao Código Civil (**artigo 980-A**), passando a considerar pessoa jurídica de direito privado as empresas individuais de responsabilidade limitada, constituídas por uma única pessoa (física ou jurídica) titular da totalidade do capital social integralizado. Este tipo empresarial pode adotar firma ou denominação social, e deve acrescer obrigatoriamente a frente de seu nome a expressão **EIRELI**.

A empresa individual de responsabilidade limitada poderá optar por se enquadrar no Sistema do SIMPLES NACIONAL como microempresa ou empresa de pequeno porte, se atendidas às exigências contidas em lei e, face à recente modificação efetuada pelo **DREI (Departamento de Registro Empresarial e Integração)** (leia mais adiante) publicada no Diário Oficial da União em 06/03/2017, a **EIRELI** poderá ser constituída tanto por uma pessoa física como por uma pessoa jurídica.

Enquanto a Empresa Individual anterior à vigência da Lei 12.441/2011 era de responsabilidade ilimitada pelo seu titular (pessoa física equiparada à pessoa jurídica para efeitos fiscais) o capital mínimo para a criação de uma **EIRELI** é de 100 salários mínimos integralizados no ato de sua constituição, restringindo-se a esse montante a sua responsabilidade;

MEI (Microempreendedor Individual): em vigor desde 01/07/2009 esta modalidade foi criada pela Lei Complementar (LC) – 128/08 que alterou a LC 123/06, criando o art. 18 A, com regulamentação dada pela Resolução 58 do CGSN – Comitê Gestor do Simples Nacional. Segundo este dispositivo legal, poderá se enquadrar como tal o Empresário Individual mencionado no artigo 966 do Novo Código Civil Brasileiro ou quem desejar empreender isoladamente, sem fazer parte de sociedades, desde que satisfaça as condições exigidas no instrumento legal (Esta matéria será objeto de estudo no Capítulo 5 adiante);

Capacidade Jurídica: definida no Código Civil, artigos 3°, 4° e 5°. *É atingida pela maioridade, aos 18 anos completos, desde que não incluso em nenhuma situação de incapacidade, absoluta ou relativa, tornando o indivíduo capaz para todos os atos da vida civil;*

Maioridade Civil: a pessoa alcança a sua autonomia civil aos 18 anos, podendo, a partir de então, praticar todos os atos da vida civil. Consequência imediata dessa determinação adotada pelo novo Cód. Civil é a perda do vínculo de dependência do (a) filho (a) ao completar 18 anos em empresas assistenciais e em clubes de lazer. A redução ainda privará o jovem adulto da proteção legal dos pais a partir desta idade; e

Emancipação: a emancipação do filho é concedida por ambos os pais ou só por um deles na ausência do outro, ou ainda pelo responsável legal. O Processo de Emancipação é viável aos jovens com idade entre 16 e 18 anos, devendo ser declarada por Juiz.

Após o entendimento dos conceitos acima se torna simples conceituar Comerciante/Empresário:

É considerado comerciante/empresário toda pessoa física ou jurídica que profissionalmente exercita atos de intermediação entre a produção e o consumo, ou prestação de serviços com intuito de lucro. É aquele que pratica atos de comércio e deles faz profissão habitual.

Note-se no conceito de Comerciante a presença dos mesmos elementos integrados ao conceito de Comércio, ou seja: Intermediação / Habitualidade / Lucro.

O Art. 966 do Código Civil também conceitua empresário, como segue: "Considera-se **empresário** quem exerce profissionalmente atividade econômica organizada para a produção ou a circulação de bens ou de serviços."

1.3 Capacidade de Comerciar

O Código Civil em seu Art. 972 define a Capacidade de Comerciar da seguinte forma: "Podem exercer a atividade de empresário os que estiverem em pleno gozo da capacidade civil (tenham capacidade jurídica) e não forem legalmente impedidos". Em geral, os maiores de 18 anos e os menores legitimamente emancipados, enfim, todos aqueles que se encontrarem na livre administração de suas pessoas e bens.

Curiosidade: Até 1962, a mulher casada, maior de 18 anos, só poderia comerciar com autorização expressa do marido. Esta obrigatoriedade caiu com a Lei 4121/62, que criou o Estatuto da mulher casada, também chamado vulgarmente de Carta de Alforria da mulher casada.

1.4 Legalmente Impedidos de Comerciar

A legislação brasileira estabelece impeditivos para exercer a atividade comercial para determinadas pessoas pelo fato de estarem investidas em determinadas funções ou cargos, em função da natureza destas atividades. Assim, segundo a legislação, não podem praticar o comércio:

Chefes do Poder Executivo — nacional, estadual e municipal — Presidente da República, Governadores e Prefeitos: pela natureza dos cargos, poderiam legislar em seu favor e também estão impedidos de praticar a atividade de comércio por dispositivos do Estatuto dos Funcionários Públicos;

Falidos, enquanto não forem legalmente reabilitados por determinação judicial: o falido tem seus direitos suspensos até que seja reabilitado pelo Juiz da falência, caso consiga negociar e acertar suas dívidas;

Clérigos, magistrados, oficiais militares da ativa e policiais: entende o legislador que os clérigos (religiosos em geral) não devem praticar atividade de comércio porque exercem sobre muitas pessoas poderosa influência espiritual, o que poderia ser usado em proveito próprio nos negócios. Os magistrados porque poderiam ter de julgar processos em que direta ou indiretamente sejam parte interessada e pelo poder que exercem poderiam vir a decidir em causa própria. Os militares e policiais, enquanto estiverem na ativa, não podem praticar a atividade de comércio porque eles detêm o poder da arma de fogo, e isso poderia ser motivo de constrangimento para os concorrentes e para compras em seu estabelecimento, pela coação que a arma poderia exercer;

Funcionários públicos: no Estatuto dos Funcionários Públicos há dispositivos que impedem os referidos de exercer essa atividade. A questão é de ordem técnica, visando impedir que funcionários públicos exerçam atividades em paralelo aos seus cargos públicos, tirando o foco de seu trabalho. Também para evitar que se beneficiem de seus cargos tendo acesso a informações privilegiadas. A proibição inclui também os cargos políticos executivos (presidente, governadores, prefeitos) e legislativos (vereadores, deputados, senadores), em qualquer esfera de atuação; e

Médicos para o exercício simultâneo das atividades comerciais de farmácia e ótica: nesse caso é óbvia a proibição, pois referidos profissionais poderiam usar sua condição para receitar produtos que preferencialmente estariam à venda em seu estabelecimento, tornando-se uma concorrência desleal.

1.5 Obrigações dos Comerciantes (Empresários) Conforme o Código Civil

Contabilidade: Art. 1.179 – O empresário e a sociedade empresária são obrigados a seguir um sistema de contabilidade, mecanizado ou não, com base na escrituração uniforme de seus livros, em correspondência com a documentação respectiva, e a levantar anualmente o balanço patrimonial e o de resultado econômico.

Livros Obrigatórios: todos os acontecimentos que ocorrem diariamente na empresa, oriundos de sua gestão, são registrados (escriturados) em livros próprios, nos quais fica registrada a vida da empresa.

Classificação: os livros de escrituração têm várias finalidades. Registram as compras, as vendas, controlam os estoques, lucros ou prejuízos fiscais e impostos nas três esferas tributárias.

Livros Comerciais: diário e Registro de Duplicatas (para empresas que vendem a prazo)

O Diário é o único Livro Comercial obrigatório sem qualquer restrição pois o Registro de Duplicatas só se aplica se as empresas venderem a prazo e emitirem duplicatas.

Art. 1.180. Além dos demais livros, exigidos por lei, **é indispensável o Diário**, que pode ser substituído por fichas no caso de escrituração mecanizada ou eletrônica. Deverá ter termo de abertura, encerramento e autenticação na Junta Comercial para as Sociedades Comerciais e no Cartório de Registro de Títulos e Documentos para as Sociedades Civis.

Art. 1.184. No Diário serão lançadas, com individuação, clareza e caracterização do documento respectivo, dia a dia, por escrita direta ou reprodução, todas as operações relativas ao exercício da empresa. No Diário ainda será lançado um resumo do balanço anual do comerciante, não sendo, assim, necessário que o balanço seja transcrito integralmente no livro.

Livros Fiscais: são os exigidos pelo fisco Federal, Estadual ou Municipal e pela Legislação do Imposto de Renda. Os mais comuns são:

- Registro de Entradas (ICMS e IPI);
- Registro de Saídas (ICMS e IPI);
- Registro de Impressão de Documentos Fiscais;
- Registro de Inventário;
- Registro de Apuração de IPI;
- Registro de Apuração de ICMS;
- Livro de Apuração do Lucro Real – LALUR;
- Razão - para as empresas com tributação pelo lucro real;
- Registro de Inventário - bens em almoxarifado na data do balanço, avaliados segundo a lei;
- Livro de Movimentação de Combustíveis – LMC; e
- Registro de Saídas do ISS, para as empresas prestadoras de serviço.

Livros Sociais: são os livros exigidos pela Lei das Sociedades por Ações (Lei nº 6.404/1976). Além dos livros obrigatórios aos comerciantes / empresários em geral, a S/A deve ter os seguintes livros:

- Livro de Registro de Ações Nominativas;
- Livro de Registro de Ações Endossáveis;
- Livro de Transferências de Ações Nominativas;
- Livro de Registro de Partes Beneficiárias;
- Livro de Registro de Partes Beneficiárias Endossáveis;

- Livro de Atas das Assembleias Gerais;
- Livro de Presença de Acionistas;
- Livro de Atas das Reuniões do Conselho de Administração;
- Livro de Atas das Reuniões da Diretoria; e
- Livro de Atas e Pareceres do Conselho Fiscal.

1.6 Sociedades Comerciais e Sociedades Simples (ou Sociedades Civis)

Conforme Código Civil art. 981, "Celebram contrato de sociedade as pessoas que reciprocamente se obrigam a contribuir, com bens ou serviços, para o exercício de atividade econômica e a partilha, entre si, dos resultados".

Essa determinação legal deve se materializar em um **Contrato de Constituição**. O art. 997 do Código Civil disciplina quais elementos devem compor este Contrato de Constituição:

- Nome, nacionalidade, estado civil, profissão e residência dos sócios;
- Denominação, objeto, sede e prazo da sociedade;
- Capital da sociedade, expresso em moeda corrente, podendo compreender qualquer espécie de bens, suscetíveis de avaliação pecuniária;
- A quota de cada sócio no capital social, e o modo de realizá-la;
- As pessoas naturais incumbidas da administração da sociedade, e seus poderes e atribuições;
- A participação de cada sócio nos lucros e nas perdas (de acordo com o % de cada sócio no capital); e
- Estipular o tipo de responsabilidade dos sócios a ser determinado conforme o tipo jurídico de sociedade escolhido pelos sócios.

A **Pessoa Jurídica** é o ente incorpóreo que, como as Pessoas Físicas, pode ser sujeita a direitos e obrigações.

Art. 985. A sociedade adquire personalidade jurídica com a inscrição, no registro próprio e na forma da lei, dos seus atos constitutivos (arts. 45 e 1.150).

Art. 45. Começa a existência legal das pessoas jurídicas de direito privado com a inscrição do ato constitutivo no respectivo registro, precedida, quando necessário, de autorização ou aprovação do Poder Executivo, averbando-se no registro todas as alterações por que passar o ato constitutivo.

O Art. 45 quando menciona a inscrição do ato constitutivo no respectivo registro refere-se à atividade de Registro do Comércio, desempenhada pelas Juntas Comerciais em cada Estado da Federação, quando se tratar de Sociedade Empresária, as chamadas Sociedades Comerciais e ao registro das Sociedades Simples, também chamadas de Sociedades Civis, que é realizado nos Cartórios de Registro Civil de Pessoas Jurídicas. O Art. 1.150 do Código Civil explicita esta necessidade.

Art. 1.150. O empresário e a sociedade empresária vinculam-se ao Registro Público de Empresas Mercantis a cargo das Juntas Comerciais, e a sociedade simples ao Registro Civil das Pessoas Jurídicas, o qual deverá obedecer às normas fixadas para aquele registro, se a sociedade simples adotar um dos tipos de sociedade empresária.

De modo geral, pode-se conceituar as sociedades simples como aquelas cuja finalidade seja a de prestação de serviços de ordem intelectual, principalmente não tendo caráter empresarial. São as chamadas Sociedades Civis das quais devem participar pelo menos 2 sócios de mesma formação do objeto da sociedade, de modo que os próprios sócios prestarão os serviços. Assim, numa sociedade civil de um escritório de advocacia, pelos menos 2 sócios devem ter formação de advogado. É dispensado o registro na Junta Comercial. Para o registro, basta a inscrição do contrato social no Cartório de Registro Civil de Pessoas Jurídicas. São exemplos de sociedades simples os escritórios de advocacia (como já citado acima), os consultórios médicos, escritórios de arquitetura e de outros profissionais cujas atividades, ou seja, profissões, correspondem à própria finalidade da sociedade.

Art. 982. Salvo as exceções expressas, considera-se **empresária** a sociedade que tem por objeto o exercício de atividade própria de empresário sujeito a registro (art. 967); e, **simples**, as demais.

Art. 983. A sociedade empresária deve constituir-se segundo um dos tipos regulados nos arts. 1.039 a 1.092, a saber **Sociedade em Nome Coletivo, Sociedade em Comandita Simples, Sociedade em Comandita por Ações, Sociedade Limitada, Sociedade Anônima**.

Importante ressaltar um princípio expresso pela seguinte afirmação: "a Pessoa Jurídica não se confunde com as Pessoas Físicas ou Jurídicas que a criaram."

Esta afirmação indica a completa independência da pessoa do sócio de qualquer sociedade com a pessoa jurídica da qual ele faz parte. De forma bem simples, pode-se esclarecer a máxima trazendo o seguinte pensamento: **a empresa está em crise porém seus sócios são riquíssimos**. Embora as pessoas tendam a fazer essas relações, até mesmo de forma jocosa, não é aceitável fazer esse tipo correlação pois deve ser seguida a afirmação mencionada acima consagrando a independência das pessoas físicas dos sócios da pessoa jurídica da qual eles fazem parte.

2
Atividade de Registro do Comércio do Brasil

A atividade de Registro do Comércio no Brasil[2] é um importante sistema que visa ao registro inicial das sociedades comerciais bem como acompanhamento de alterações posteriores à sua formação e isso remete à Lei Federal 8934/1994 que trata desse tema e do Decreto Federal 1800/1996 que a regulamenta. Há um princípio em direito que diz que "... a ninguém é lícito desconhecer a lei...", e esse princípio se torna muito marcante nessa atividade pois ignorar as determinações legais do sistema pode abreviar de modo fatal a vida das empresas, caso não as sigam. Em função disso este Capítulo vai abordar as principais conceituações e determinações contidas na atividade de Registro do Comércio no Brasil.

Conhecer a atividade de Registro do Comércio é fundamental para os contadores e para aqueles que desejarem empreender em alguma atividade empresarial. Para os contadores, porque possivelmente seja objeto de seu trabalho a prestação de serviços de abertura e acompanhamento de empresas, acompanhando-as desde sua criação e promovendo as eventuais alterações contratuais que também são objeto de registro. Também para os futuros empreendedores, porque precisam conhecer o ambiente e a legislação que

---

[2] Recomenda-se a leitura na íntegra da Lei Federal 8934 – 18/11/1994 e do Decreto Federal 1800/1996.

regula o sistema de registro empresarial onde vão desempenhar suas atividades.

2.1 Obrigatoriedade de Inscrição no Registro Público de Empresas Mercantis

O Art. 967 do Código Civil estabelece como obrigatória a inscrição do empresário no Registro Público de Empresas Mercantis da respectiva sede, antes do início de sua atividade. O tema é de fundamental interesse para os futuros contadores pois, como já comentado, uma de suas atribuições primordiais é justamente a abertura e acompanhamento de empresas no seu aspecto de registro. Futuros empreendedores ou empreendedores iniciantes igualmente devem dar importância ao estudo do Registro do Comércio pois passa por este conhecimento as possibilidades de sucesso no empreendedorismo e a conscientização que precisam ter da obrigação de contratação de um bom contador, não somente para cumprimento da legislação, mas também para assessoramento na condução dos negócios.

2.2 Conceito de Registro do Comércio

É o organismo responsável pelo registro e fiscalização da constituição das Sociedades Comerciais, arquivando seus atos constitutivos e alterações posteriores. É regido pela Lei Federal 8.934, de 18/11/1994, regulamentada pelo Decreto Federal 1800, de 30/01/96, que estabelece normas para o Registro Público de Empresas Mercantis e Atividades Afins, dentro do **SINREM (Sistema Nacional de Registro de Empresas Mercantis).**

2.3 Fontes de Consulta Sobre Registro do Comércio

Aconselha-se aos futuros empreendedores que queiram montar seu negócio, sua empresa, que contratem contador experimentado a essa atividade. Poderão também buscar subsídios importantes visitando a Junta Comercial de seu Estado e a unidade do SEBRAE (Serviço Brasileiro de Apoio às Micro e Pequenas Empresas) de sua cidade.

Para os futuros contadores, alunos dos Cursos de Ciências Contábeis, vale o mesmo conselho, visitem estas entidades e procurem contadores experientes para buscar conhecimento prático sobre essa importante matéria, que breve fará parte de seu rol de serviços, quando iniciarem atividades profissionais.

Quadro 1

Fontes de Consulta sobre Registro do Comércio

Fontes de Consulta sobre Registro do Comércio	
JUCISRS - Junta Comercial, Indústria e Serviços do Estado do Rio Grande do Sul Av. Júlio de Castilhos, 120 Centro – (51) 3216-7500 Atendimento – 2ª a 6ª feira 10:00 às 16:00 horas	SEBRAE / RS Rua João Manoel, 282 – Centro Rua Antônio Joaquim Mesquita, 259 – Passo d'Areia Fone geral - 0800 570 0800 Atendimento 2.ª/6.ª feira – 09:00 às 18:00 hs Confirmar horário e endereço por telefone antes de ir pessoalmente.

CRC/RS – MANUAL DE ATOS DE REGISTRO DO COMÉRCIO
http://www.crcrs.org.br/download-de-livros/
http://www.jucergs.rs.gov.br/downloads/Manual%20do%20Registro%20do%20Com%C3%A9rcio%20-%202009.pdf
http://www.crcrs.org.br/arquivos/livros/cartilha_sebrae_empresa.pdf

Fonte: elaborado pelo Autor
O autor optou por mencionar dados da JUCIS/RS, SEBRAE/RS e CRC/RS por ser a jurisdição em que atua a Universidade Federal do Rio Grande do Sul onde exerce o magistério. Obviamente que os profissionais e interessados de outros estados deverão buscar dados em sua localidade visitando as páginas na internet de cada uma destas importantes entidades.

A atividade de Registro do Comércio é coordenada no Brasil pelo **SINREM (Sistema Nacional de Registro de Empresas Mercantis)**, cuja composição segue o esquema a seguir.

2.4 Sistema Nacional de Registro de Empresas Mercantis (SINREM)

Quadro 2

Esquema Hierárquico do SINREM

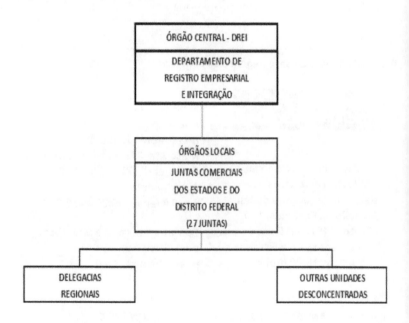

Fonte: elaborado pelo Autor

2.4.1 Órgão Central

DREI (Departamento de Registro Empresarial e Integração): órgão integrante da Secretaria da Micro e Pequena Empresa, ligada diretamente à Presidência da República, criada pela Lei 12.792/2013 com "status" de Ministério (o DREI substituiu o antigo DNRC – Departamento Nacional de Registro do Comércio). É o órgão responsável pela normatização do registro empresarial no Brasil. Sua competência é supervisionar, orientar e coordenar nacionalmente as autoridades e órgãos públicos incumbidos do Registro do Comércio.

2.4.2 Órgãos Regionais: as Juntas Comerciais

Sede: nas capitais dos Estados.

Subordinação: são subordinadas aos Governos estaduais administrativamente e tecnicamente aos órgãos e autoridades do DREI. Portanto, as Juntas Comerciais são órgãos da Administração Estadual que desempenham funções de natureza Federal. A exceção é a Junta Comercial do Distrito Federal que é administrativa e tecnicamente vinculada ao DREI. Entidades fundamentais do SINREM,. as Juntas Comerciais são sediadas por lei nas capitais de cada Estado da Federação e no Distrito Federal. A elas cabe toda a execução prática do Registro do Comércio.

2.4.2.1 Principais Atribuições das Juntas Comerciais

Função Básica: executar e administrar o Registro do Comércio - art. 32 da Lei 8934/94.

Principais atribuições:

- Habilitação, nomeação, matrícula e cancelamento de tradutores públicos e intérpretes comerciais;
- Matrícula e cancelamento de leiloeiros, trapicheiros e administradores de Armazéns Gerais;
- Arquivamento;
- Documentos de Firmas Mercantis Individuais, Sociedades Mercantis e Cooperativas, constituição, alterações, cancelamento de registros por dissolução ou extinção judicial;
- Declarações de microempresas e empresas de pequeno porte do SIMPLES NACIONAL;

- Atos relativos a consórcios e grupo de sociedades, conforme lei 6404/76;
- Documentos de empresas estrangeiras autorizadas a funcionar no Brasil; e
- Autenticação dos instrumentos de escrituração das Sociedades Comerciais registradas e dos Agentes Auxiliares do Comércio.

2.4.1.2 Organização das Juntas Comerciais

Poderá haver variações entre um Estado e outro da Federação pois as Juntas administrativamente são autônomas. Esta é a organização no Rio Grande do Sul:

- Presidência[3] – órgão diretivo e representativo;
- Plenário – órgão deliberativo superior formado por vogais e suplentes, nomeados pelos Governos Estaduais – mínimo de 11, máximo de 23 vogais (8,11, 14, 17, 20) com seus respectivos suplentes, conforme estabelece o art. 11 da Lei Federal 8934, e atendendo aos pré-requisitos do art. 10;
- Turmas – órgãos deliberativos inferiores;
- Secretaria Geral – órgão administrativo;
- Procuradoria – órgão fiscalizador e de assessoramento jurídico das Juntas Comerciais, é responsável por zelar pelo

---

[3] A Presidência e o Plenário, respectivamente órgãos diretivo/representativo e deliberativo são compostos por vogais que, entre outros requisitos (art. 11 Lei 8934/94), devem ser ou ter sido por pelo menos 5 anos titulares de firma mercantil individual, sócios ou administradores de sociedade mercantil, valendo como prova, para esse fim, certidão expedida pela junta comercial. O número de vogais, a critério de cada Junta, deverá ser um mínimo de 11 e um máximo de 23, sempre sendo um número múltiplo de 3, mais 2 vogais. Explica-se isso pelo fato de que 2 vogais, por eleição entre eles, vão ocupar a Presidência e a Vice e os demais se dividem em Turmas de 3 vogais cada uma. Cabe às Turmas a análise dos processos de Constituição e Alterações Contratuais, ficando para decisão em Plenário (todos os vogais simultaneamente) questões que as Turmas não consigam deliberar.

cumprimento das normas e atua judicialmente quando em defesa das Juntas; e

- Delegacias – órgãos representativos das Juntas fora das capitais para descentralização das atividades, localizadas por zonas territoriais, de acordo com decisão do Plenário.

2.5 Tópicos Referentes à Atividade de Registro do Comércio

2.5.1 Diferença entre Sociedade e Associação

Sociedade: entidade formada por pelo menos duas pessoas com finalidades econômicas;
Associação: entidade de fins não econômicos. Código Civil Art. 53 diz que "Constituem-se as associações pela união de pessoas que se organizem para fins não econômicos".

2.5.2 Sociedade Comercial e Sociedade Civil (ou Sociedade Simples)

Sociedade Comercial: se destina à prática constante de atos de comércio;
Sociedade Civil: se destina à prática de atos civis, com fins econômicos, são exemplos as sociedades de prestação de serviços e as sociedades imobiliárias.

2.5.3 Sociedades Regulares, Irregulares e de Fato

As sociedades regulares são aquelas que preenchem integralmente os requisitos legais, tendo seus atos constitutivos devidamente arquivados no Registro do Comércio. As sociedades irregulares são aquelas que não têm seus atos constitutivos arquivados e, se forem contratadas verbalmente, serão denominadas de sociedades de fato. As sociedades irregulares, por sua natureza e características, têm responsabilidade ilimitada dos sócios e não têm nome comercial, pois este só ocorre após o registro na Junta Comercial. O fato de ter responsabilidade ilimitada dos sócios nesse tipo de sociedade a torna extremamente arriscada pois, na eventualidade de ocorrência de algum problema, os sócios terão que responder até mesmo com seus bens patrimoniais, caso a entidade não tenha recursos.

2.5.4 Publicidade das Sociedades Comerciais

A atividade de Registro do Comércio tem caráter público, de modo que o Arquivamento (nomenclatura técnica para registros efetuados pelas Juntas Comerciais) dos atos constitutivos das sociedades comerciais tem caráter de publicidade legal delas. Assim, arquivados esses documentos, presume-se que o público em geral tem conhecimento da constituição das sociedades, não podendo, desse modo, alegar ignorância das mesmas. Se, por exemplo, qualquer cidadão desejar conhecer e até ter uma cópia de um contrato social de qualquer empresa no País, poderá se dirigir à Junta Comercial na sede da empresa e solicitar, pagando a taxa deste serviço, e obterá o que deseja.

A lei estabelece ainda que as sociedades de capitais (sociedades anônimas) tenham seus atos constitutivos, além de arquivados, publicados na imprensa de grande circulação. Neste caso, os atos constitutivos se denominam Estatuto Social.

2.5.5 Tipos de Responsabilidade dos Sócios

O sócio pode ser definido juridicamente como membro de uma sociedade com fins econômicos que contribui para a formação de seu capital com moeda corrente ou bens. A responsabilidade do sócio, com relação às dívidas sociais, varia segundo a forma jurídica que a sociedade assumir, podendo esta responsabilidade ser **limitada** ou **ilimitada**.

Na responsabilidade ilimitada os bens pessoais do sócio podem servir para cobrir as dívidas com credores, caso o patrimônio da empresa não seja suficiente. Se a responsabilidade for limitada, a responsabilidade de cada sócio limita-se à integralização do capital social. Na responsabilidade limitada há duas espécies de responsabilização. No caso das Sociedades Empresárias Limitadas (leia mais adiante nos tipos de Sociedades Comerciais), a responsabilidade dos sócios é limitada, de forma solidária, à integralização da totalidade do Capital Social da entidade, não importando qual a participação individual de cada sócio. Para compreender este tipo de responsabilidade, suponha um empréstimo bancário tomado pela Sociedade Empresária Limitada em que o capital social ainda não está totalmente integralizado e essa sociedade é composta por 5 sócios com participações percentuais diferentes. Em caso de inadimplência, em que a sociedade não tenha como cumprir os compromissos, pode o banco executar qualquer um dos sócios, mesmo aquele que tenha participação minoritária, pois ele é solidário pelos 100% do Capital Social até sua completa integralização. O mesmo já não ocorre com um quotista de sociedade anônima que subscreve, por hipótese, 20.000 ações ao custo de R$ 20.000,00. Sua obrigação neste caso é limitada à participação individual do sócio, ou seja, até o montante de ações subscrito, cessando sua responsabilidade no momento que quita o pagamento destas ações por ele subscritas.

2.6 Nome Empresarial

Conforme o art. 1155 do Código Civil, considera-se nome empresarial a firma ou denominação adotada, para designar a empresa. É o nome segundo o qual o empresário estabelece o funcionamento de seus negócios e assina-se nos atos a ele referentes. De acordo com art. 11 da Instrução Normativa 15 – 05/12/2013 do DREI (Órgão Coordenador do SINREM, mencionado no início deste Capítulo):

A proteção ao nome empresarial decorre, automaticamente, do ato de inscrição de empresário individual ou do arquivamento de ato constitutivo de Empresa Individual de Responsabilidade Ltda. (Eireli), de Sociedade Empresária ou Cooperativa, bem como de sua alteração nesse sentido, e circunscreve-se à unidade federativa de jurisdição da Junta Comercial que o tiver procedido.

Desta forma, a proteção desse nome comercial fica restrita ao Estado da Federação de jurisdição da Junta Comercial onde o registro foi efetuado. Tal proteção poderá ser ampliada para outro Estado mediante pedido específico de abertura de filial, desde que não haja conflito com registros de nomes iguais ou semelhantes já existentes, valendo o princípio da **anterioridade**.

Aprofundando esta análise, se alguém registrar uma empresa com o nome comercial de **Fábrica de Vasos Barroso LTDA**. na Junta Comercial do Estado do Rio Grande do Sul, que se localiza na Capital Porto Alegre, esse nome terá proteção apenas no Estado do Rio Grande do Sul, o que significa que nenhuma outra empresa poderá adotar o nome registrado neste Contrato Social no Estado do Rio Grande do Sul. Se posteriormente a empresa quiser montar uma filial no Estado de Santa Catarina, poderá manter o nome no Contrato de abertura da filial, a não ser que em Santa Catarina, na Junta Comercial do Estado, já exista outra empresa com o nome registrado, neste caso valerá o princípio da anterioridade acima referido e a empresa terá que escolher outro nome para registrar sua filial.

O leitor poderá estar se perguntando agora se não haveria solução para isso, pois uma vez criada uma identidade comercial na empresa ficaria difícil promover uma troca nesse sentido como o exemplo dado, no caso de já existir no outro Estado empresa com mesmo nome e ser necessário ter de trocar a identidade da filial. A solução existe e é de custo relativamente baixo.

Para que se tenha proteção do nome comercial e também de eventual Nome Fantasia (leia tópico adiante) que queira adotar, torna-se necessário promover registro desse nome no INPI

(Instituto Nacional Da Propriedade Industrial). Uma vez aceito o registro no órgão, essa identidade ganhará proteção a nível nacional no Brasil, de modo que nenhuma outra entidade poderá adotar o mesmo nome.

2.6.1 Espécies de Nome Comercial

Firma ou Razão Individual: A palavra firma remete ao significado de assinatura e, portanto, indica nome próprio de alguém. Portanto, Firma ou Razão Individual é a espécie de nome comercial a ser utilizada para o empresário que atua sozinho e esse nome, neste caso, será composto pelo próprio nome do empresário, de forma completa ou abreviada. Havendo já nome semelhante registrado, poderá se adicionar partícula designativa da atividade a ser desenvolvida, para diferenciar.
Exemplo:
João Roberto da Silva
J. R. da Silva
Já havendo nome semelhante, colocar a partícula designativa da atividade:
João Roberto da Silva – o marceneiro
João Roberto da Silva – o encanador
Firma ou Razão Social: É o uso de nome ou nomes próprios para designar a pessoa jurídica. Como regra geral, o sócio que der nome para a Razão Social responde de forma ilimitada por todas as obrigações sociais, inclusive com seu patrimônio, isso no caso das sociedades que têm responsabilidade mista, ou seja, sócios com responsabilidade ilimitada e sócios com responsabilidade limitada (leia no tópico adiante Tipos De Sociedades Comerciais). Essa espécie de nome também é utilizada por sociedades empresárias limitadas e geralmente a firma é composta pelo nome próprio do sócio majoritário ou, em comum acordo entre os sócios, pelos nomes próprios de mais de um sócio, completos ou abreviados. Nesse caso, o nome empresarial será composto pelo

nome completo ou parte dele, de um ou mais sócios, com o aditivo "e companhia" ou "e Cia." Ou ainda "e Cia. Ltda." se for uma sociedade desta espécie.

Exemplos:
Firma ou razão social - *Silva, Alencar e Companhia*
Castro, Oliveira, Marques e Cia.
Cesar Silva e Cia. Ltda.

Denominação: Não havendo nenhum sócio de responsabilidade ilimitada na sociedade, fato que a obriga utilizar a Firma ou Razão Social, poderá usar a Denominação, designação que utilizará normalmente no seu conteúdo o objeto da empresa. Ex.: Indústria Química Formosa Ltda., Fábrica de Móveis Alvorada S. A.

A sociedade em que houver sócios de responsabilidade ilimitada operará sob **firma**, na qual somente os nomes daqueles poderão figurar, bastando para formá-la aditar ao nome de um deles a expressão "e companhia" ou sua abreviatura (Código Civil Art. 1.157). A **sociedade empresária limitada** pode adotar **firma** ou **denominação**, integradas pela palavra final "limitada" ou a sua abreviatura (Código Civil Art. 1.158). A **denominação** deve designar o objeto da sociedade. A **sociedade anônima** operará sob **denominação** designativa do objeto social, integrada pelas expressões "sociedade anônima – S/A" ao final do nome ou "companhia" no início do nome, por extenso ou abreviadamente (Código Civil Art. 1.160). Excepcionalmente, poderá constar da denominação o nome do fundador, acionista, ou pessoa que concorreu para sucesso da formação da empresa, ou, ainda, quando for Ltda. e mudar o tipo jurídico para S.A.

2.7 Nome Fantasia

É o "apelido" que a Empresa pode vir a adotar para ter seus produtos mais conhecidos com um nome de fácil memorização, diferente do nome comercial adotado. O nome fantasia poderá ser inscrito já no Contrato de Constituição e também no cartão do CNPJ da

Receita Federal, ganhando proteção semelhante ao nome comercial, conforme já comentado, porém isso não é obrigatório.

Entretanto, para que o nome fantasia goze de proteção no território brasileiro, precisará ser feito um registro de marca no INPI. O nome comercial constante do Contrato Social gozará de proteção apenas no âmbito da jurisdição da Junta Comercial onde houver sido feito o arquivamento desse Contrato, assim como o nome fantasia, caso seja adotado já na Constituição da sociedade.

Para que esses nomes ganhem proteção nacional, deverá ser feito registro no INPI, através do endereço www.inpi.gov.br/portal. E para essa providência, devido à burocracia e peculiaridades específicas do setor, se recomenda a contratação de um escritório especializado em registro de marcas e patentes. A importância do nome fantasia muitas vezes ultrapassa o próprio nome comercial registrado, fazendo com que a empresa ganhe dimensão nacional pelo uso desse recurso. E isto requer cuidados por parte dos empresários, pois sempre há os "espertos" de plantão. Uma situação bem comum que já ocorreu e continua ocorrendo, atormentando empresas, é que um estabelecimento faz seu registro na Junta Comercial no seu Estado, cria um nome fantasia, e fica despreocupado por entender que sua empresa somente crescerá no Estado de origem onde a mesma foi registrada. Porém, a empresa cresce e logo poderá estar vendendo seus produtos para outros estados brasileiros, com forte apelo de seu nome fantasia, identidade criada com muito trabalho. Aí entram os "espertos" de plantão em cena que, mediante simples consulta no site do INPI, procuram pelo nome fantasia da empresa e constatam que ele não está registrado. Essas pessoas então promovem o registro do nome fantasia que originalmente foi registrado no Estado de origem da empresa, por ocasião do arquivamento do Contrato Social, porém isso não dá proteção nacional. Um belo dia, a empresa recebe uma intimação, que pode ser extrajudicial inicialmente, solicitando que seja trocado o nome de divulgação de seus produtos, pois o nome fantasia que a empresa está usando foi registrado por outras pessoas no INPI. Nessa mesma intimação extrajudicial poderá, inclusive, haver uma opção para que a empresa, pagando determinado valor (que não é baixo), possa continuar usando o nome registrado no INPI por terceiros. E se a empresa não atender à intimação extrajudicial, o passo seguinte poderá ser uma onerosa ação judicial cobrando indenização por nome registrado por terceiros e não haverá outra alternativa, ou paga para usar o nome, ou troca o nome fantasia em todos os documentos, o que trará enorme transtorno e elevados custos, ainda causando a perda da identidade criada nos produtos, que terão agora que trocar de nome e, possivelmente, perder parte de seu espaço no mercado.

Portanto, recomenda-se incluir no planejamento de constituição da empresa uma verba para o registro no INPI, antes de iniciar as operações, e evitar assim problemas futuros.[4]

2.8 Site da Empresa

Vivemos na era da internet e não se concebe empresa que queira crescer que não tenha um site para expor seus produtos e serviços, além de poder interagir de forma mais ágil com seus clientes. Essa área no Brasil ainda carece de muita regulamentação. Aqui também encontramos os "espertos" de plantão que ficam atentos às evoluções de mercado e, se uma empresa tem seus produtos ganhando notoriedade ainda sem seu site registrado, qualquer pessoa pode fazer o registro de domínio na internet e usar o nome da empresa, sem qualquer problema e depois cobrar uma fortuna para vender o domínio por eles registrado. E, neste caso, mesmo que a empresa tenha registro no INPI, terá que buscar via judicial o direito de usar o nome empresarial em um site já registrado por terceiros. Como o registro de domínio na internet é de custo muito baixo, recomenda-se fazer a reserva já na constituição da empresa, evitando assim aborrecimentos futuros.

---

[4] **Nota do Autor:** recomenda-se proceder no INPI a um registro misto, Logomarca Logotipo com Nome Fantasia.

2.9 Tipos de Sociedades Comerciais

A escolha do tipo de sociedade é um fator de muita importância aos futuros empreendedores. Os tipos de sociedades comerciais se diferenciam entre si por várias características, mas, principalmente, pelo tipo de responsabilidade que os sócios assumem perante terceiros. Este tópico pretende trazer resumidamente as principais características dos tipos de sociedades existentes no Brasil, salientando que a grande maioria das empresas no País e, principalmente, as que se formam atualmente adotam a forma de **Sociedade Empresária Limitada** e um pequeno percentual adota a **Sociedade Anônima**, forma adequada para grandes empreendimentos.

2.9.1 Sociedade em Nome Coletivo

Código Civil, Art. 1.039:

> Somente pessoas físicas podem tomar parte na sociedade em nome coletivo, respondendo todos os sócios, solidária e ilimitadamente, pelas obrigações sociais.

> Parágrafo único: Sem prejuízo da responsabilidade perante terceiros, podem os sócios, no ato constitutivo, ou por unânime convenção posterior, limitar entre si a responsabilidade de cada um.

Responsabilidade dos sócios é ilimitada para todos os membros pelas dívidas sociais, inclusive podendo atingir os bens particulares. Isso significa que se a sociedade contrair dívidas com terceiros (bancos, fornecedores, credores em geral, etc.) que os ativos não tenham como cobrir, os sócios terão que honrar os compromissos utilizando patrimônio pessoal.
Nome só pode ser firma ou razão social:
João Alberto Silva & Cia.

Silva, Mendes, Alcântara & Cia.
Manoel Ribeiro e Filhos
Cláudio Silveira e Irmãos (se o parentesco for real)
Administração pode ser conduzida por qualquer um dos sócios. O contrato social indicará entre os sócios um ou mais gerentes. Se nada for mencionando, todos os sócios serão gerentes.

2.9.2 Sociedade em Comandita Simples

Código Civil, Art. 1.045:

> Na sociedade em comandita simples tomam parte sócios de duas categorias: os comanditados, pessoas físicas, responsáveis solidária e ilimitadamente pelas obrigações sociais; e os comanditários, obrigados somente pelo valor de sua quota.

Este é um tipo de sociedade com responsabilidades mistas.

Sócios comanditados assumem responsabilidade ilimitada, participam da sociedade com capital e trabalho, assumindo também a direção da empresa;

Sócios comanditários respondem de forma limitada até o montante das cotas subscritas; só participam com capital e não têm qualquer ingerência na administração da sociedade;

Nome, firma ou razão social, composta somente pelos nomes dos sócios comanditados; forma igual à da sociedade em nome coletivo, com a expressão "& Cia.".

2.9.3 Sociedade em Comandita por Ações

Código Civil, Art. 1.090: "O capital é dividido em ações, no mais é idêntica à comandita simples, tipo próximo às S/A."

Sócios comanditários respondem de forma limitada até a quantia de ações subscritas;

Sócios comanditados têm responsabilidade ilimitada, são denominados de diretores.

Nome Firma ou razão social mais a expressão "Comandita por Ações"
Denominação mais a expressão "Comandita por Ações"
Exemplos: Fábrica de Balas Bem Doce Comandita por Ações
Santos e Lima Comandita por Ações

2.9.4 Sociedade de Capital e Indústria

Este tipo de sociedade foi eliminado pelo Código Civil em vigor e só está sendo mencionada aqui para conhecimento e curiosidade. Ela abrangia dois tipos de sócios, a saber:

Sócios Capitalistas entravam com capital e tinham responsabilidade ilimitada, gerindo a sociedade;

Sócios de Indústria participavam somente com trabalho ou com seus conhecimentos e não tinham nenhuma responsabilidade perante terceiros. Esse tipo de sociedade era utilizado quando uma determinada pessoa tinha um conhecimento específico sobre determinada tecnologia e então era procurada para compor a sociedade com outros sócios chamados de capitalistas que entravam com os recursos;

Nome, firma ou razão social, com nomes dos sócios capitalistas mais "& Cia.".

Um dos motivos para sua extinção foi a constante intenção de lesar as leis sociais pelos sócios capitalistas que convenciam trabalhadores a se transformarem em sócios de Indústria, pagando a estes determinado valor em substituição ao salário como ex-empregado e, em consequência, após algum tempo, elevada incidência de reclamatórias trabalhistas, quando os sócios de indústria se davam conta que estavam sendo enganados. Isto não ocorria na totalidade dos casos, mas havia muita ocorrência de situações como estas.

2.9.5 Sociedade em Conta de Participação

Código Civil:

Art. 991. Na sociedade em conta de participação, a atividade constitutiva do objeto social é exercida unicamente pelo sócio ostensivo, em seu nome individual e sob sua própria e exclusiva responsabilidade, participando os demais dos resultados correspondentes.

Parágrafo único: Obriga-se perante terceiro tão somente o sócio ostensivo; e, exclusivamente perante este, o sócio participante, nos termos do contrato social (que não é levado a registro na Junta Comercial). Pelo fato de não ser levado a registro este contrato, esta sociedade é considerada como irregular.

Art. 992. A constituição da sociedade em conta de participação independe de qualquer formalidade e pode provar-se por todos os meios de direito.

Art. 993. O contrato social produz efeito somente entre os sócios, e a eventual inscrição de seu instrumento em qualquer registro não confere personalidade jurídica à sociedade.

Só existe entre os sócios, não aparecendo perante terceiros. É uma espécie de contrato interno entre os sócios. Não tem nome, capital, nem personalidade jurídica ou sede.

Sócio ostensivo - geralmente um comerciante, que se comunica com terceiros, contratando em seu nome e responsabilidade.

Sócio oculto: entra com capital e não se obriga perante terceiros.

Exemplo: grupo de pessoas se reúne e compra safra de frutas para revender em nome de um sócio ostensivo, que contrata pessoas para ajudar no trabalho, efetua os gastos, vende a safra e faz a divisão dos resultados entre os demais sócios, de forma proporcional à participação de cada um na formação dos recursos.

2.9.6 Sociedade Empresária Limitada

Código Civil, Art. 1.052: "Na sociedade limitada, a responsabilidade de cada sócio é restrita ao valor de suas quotas, mas todos respondem solidariamente pela integralização do capital social." Esta é a forma jurídica mais comum na atualidade brasileira.

Nela, os sócios respondem até o valor total do capital social, conforme Contrato Social, não importando a participação individual de cada sócio, até que o capital esteja totalmente integralizado. Dessa forma, após a integralização do capital, os sócios não arriscam seus bens pessoais para a cobertura da dívida social. Uma vez integralizadas as cotas de todos os sócios, nenhum deles poderá mais ser chamado a responder, com seus bens particulares, pelas dívidas da sociedade. Cabe observar que se a sociedade praticar algum tipo de fraude caracterizada por apropriação indébita (não recolhimento de descontos de empregado como INSS e Imposto de Renda na Fonte, ICMS, FGTS, IPI, etc.) os sócios, mesmo já tendo integralizado o Capital Social, poderão responder com seus bens pessoais nos processos movidos contra a empresa.

Não ocorrendo a integralização, em caso de insolvência da sociedade, o sócio que não tenha integralizado suas cotas, responderá com seus bens particulares. Caso não tenha os recursos financeiros para tal, os demais sócios deverão cobrir o seu débito, pois, nesse tipo de sociedade, um sócio é fiador do outro pela integralização das cotas, ou seja, pela totalidade do capital social.

Gerência: pode ser exercida apenas por um sócio gerente, caso o contrato social assim estabeleça. Se for omisso, qualquer um dos sócios pode ser o administrador. A administração pode ter Diretores como nas S/A, inclusive com atribuições específicas (comercial, financeiro, administrativo etc.). Pode ter Conselho de Administração, se o contrato previr.

Nome: firma ou razão social mais a expressão Ltda., ou denominação mais a expressão Ltda.

Pelo Art. 1066 do Código Civil, poderá ser instituído um Conselho Fiscal com três ou mais membros e respectivos suplentes (sócios ou não) eleitos na Assembleia Anual de Sócios. A Assembleia Anual de Sócios deverá ser realizada pelo menos uma vez por ano, nos quatro meses seguintes ao término do exercício social, para verificar as contas e deliberar sobre o balanço patrimonial e o balanço de resultados e escolher administradores, quando for o caso, e tratar de outros assuntos constantes da pauta.

2.9.7 Sociedade Anônima

Leis 6404 de 15/12/1976, 10303/2001 e 11638/2007 (trouxeram modificações na escrita contábil): a sociedade anônima é o tipo mais conhecido de sociedade por ações, forma destinada a abrigar negócios de grande porte.

Principais Características

- Grandes empreendimentos: estrutura pesada, organização complexa;
- Mínimo dois acionistas: exceção art. 251 da lei 6404 - Subsidiária Integral;
- Pode influir na economia política do país, pelo seu tamanho e poder econômico;
- Impessoalidade - nas S/A o foco principal é o Capital, sem análise da qualidade dos sócios;
- O Capital é dividido em pequenas partes iguais chamadas de "ações";
- Qualquer que seja seu objetivo, é sempre comercial;
- Companhia abertas ou fechadas, conforme as ações estejam à venda ou não em bolsas de valores ou no mercado de balcão respectivamente. As companhias abertas têm que se registrar e se submeter às normas da CVM (Comissão de Valores Mobiliários), com necessidade de estruturas de controle e gestão mais aprimoradas que nas companhias fechadas, tendo ainda obrigatoriedade de publicar balanços auditados anualmente;
- Nome comercial (Denominação);

- Depois do nome deve ter S/A, por extenso ou abreviado;
- Antes do nome - SAMRIG (Sociedade Anônima Moinhos Rio-Grandenses), S/A White Martins;
- Pode adotar Companhia ou Cia. no início: Companhia Petroquímica do Sul (COPESUL), Companhia Estadual de Energia Elétrica, Cia. Industrial Rio Guahyba;
- Pode excepcionalmente adotar firma ou razão social, para homenagear um fundador, ou manter o nome anterior no caso de ter sido uma limitada e se transformado em S/A;
- Responsabilidade: os acionistas comuns ou minoritários têm sua responsabilidade limitada à integralização das ações por eles subscritas; os acionistas controladores ou majoritários, e também os administradores, embora também tenham responsabilidade limitada à integralização das ações por eles subscritas, poderão responder pessoalmente pelos danos causados por atos praticados com culpa ou dolo, ou com abuso de poder; e
- Capital Social pode ser formado com dinheiro ou qualquer tipo de bens sujeitos à avaliação em dinheiro. O dinheiro tem preferência na formação do capital. Os sócios subscrevem parte do capital e se responsabilizam por integralizá-lo até o limite subscrito, podendo isso ser feito de forma parcelada.

2.10 Títulos Emitidos pelas S/A

2.10.1 Ações

Ações são bens móveis, títulos de crédito. O Estatuto fixará a quantidade de ações em que se divide o Capital. A ação é a menor parcela em que se divide o Capital Social da S. A.

Classificação quanto à natureza dos direitos
Ordinárias: são as ações comuns em que normalmente se divide o Capital Social, conferem aos seus proprietários todos os direitos de acionista da sociedade, inclusive direito a voto;

Preferenciais: são as ações que conferem preferência na distribuição de dividendos no mínimo superiores a 10% ao que for atribuído às ordinárias, ou prioridade no reembolso do capital, ou ambas preferências de forma cumulativa; não dão, entretanto, direito a voto.

2.10.2 Forma das Ações

Nominativas;
Nominativas Endossáveis;
Ao Portador **(Não são mais permitidas)**;
Escriturais: o Estatuto da companhia pode estabelecer que em todas as ações, ou uma ou mais classes delas sejam mantidas em contas de depósito, no nome de seus titulares, numa instituição financeira por ele designada, desde que autorizada pela CVM, sem emissão de certificado.

2.10.3 Partes Beneficiárias

São títulos estranhos ao Capital Social e que conferem um crédito eventual contra a companhia, a título de participação nos lucros. Podem ser nominativas, endossáveis ou ao portador. As partes beneficiárias foram criadas para premiar fundadores, viúvas ou familiares dos mesmos.

Debêntures: são bens móveis, títulos de crédito, ao portador ou nominativas endossáveis que representam financiamentos de longo prazo que a sociedade vier a obter junto ao público. É espécie de financiamento menos oneroso que o financiamento bancário. Seu sucesso depende da credibilidade da empresa junto ao público. São títulos privativos das S/A e podem ser resgatadas de forma antecipada, após decorrido o prazo, ou convertidas em ações, de acordo com o que estabelecer a Assembleia Geral que autorizou sua emissão.

2.11 Direitos e Deveres do Acionista Comum ou Ordinário

Integralizar as ações subscritas
Votar no interesse da companhia
Direito a dividendos – participação proporcional nos lucros
Bonificações – com base na reavaliação do Ativo
Direito de fiscalizar a administração
Preferência na subscrição dos títulos da sociedade

2.11.1 O Acionista Controlador

Pessoa física ou jurídica que detenha permanentemente a maioria dos votos nas deliberações da Assembleia Geral e o poder de eleger a maioria dos administradores da companhia e, efetivamente, use este poder. Pode ser grupo de pessoas vinculadas por acordo de voto. Observe-se uma S/A que tenha a seguinte composição, nos limites permitidos pela legislação:

Ações Preferenciais no máximo até 50 % do total de ações (conforme Lei 10.303 – 31/10/2001)
Ações Ordinárias no mínimo 50 % do total de ações
Exemplo: Companhia com 50.000.000 ações
         50% preferenciais   25.000.000 ações
         50% ordinárias   25.000.000 ações

Poderá ser controlador quem possuir 12 500 001 ações ordinárias ou +/- 25 % do total de ações.

Órgãos da Sociedade Anônima
Administração: formada pelo Conselho de Administração e pela Diretoria.
Conselho de Administração: é obrigatório nas S/A de capital aberto. Nas S/A de capital fechado, caso não tenha Conselho de Administração, as deliberações têm que ser submetidas à Assembleia

Geral (exemplo: eleição de diretores). O Conselho é um órgão de deliberação colegiada, sendo composto no mínimo por 3 membros eleitos pela Assembleia Geral, sendo o número máximo fixado pelos estatutos. É sua competência, conforme lei 6404, art. 142, entre outras atribuições:

a) fixar a orientação geral dos negócios da companhia;
b) eleger e destituir diretores, fixando atribuições, conforme estatutos;
c) fiscalizar a gestão dos diretores;
d) convocar a Assembleia Geral quando julgar conveniente;
e) autorizar a alienação de bens do ativo, assumir ônus e prestar garantias.

Diretoria: composta pelo menos de 2 membros, eleitos pelo Conselho de Administração ou pela Assembleia Geral. O estatuto fixará o número máximo de diretores, prazo de gestão e atribuições e poderes, bem como sujeitar determinadas decisões para âmbito de reunião de Diretoria.

É privativa dos Diretores a representação legal da companhia.

Esta característica é extremamente importante, se alguma fiscalização de tributos constatar em seu trabalho dentro de uma S/A alguma anomalia como, por exemplo, recursos descontados de empregados em folha de pagamento referente ao INSS (Instituto Nacional do Seguro Social) e não repassados ao órgão, isso constitui crime de apropriação indébita e poderá ensejar, caso esgotadas todas as formas de cobrança administrativa dos débitos, a abertura de processos de execução de cobrança dos valores e de crime. Isso acontecendo, a empresa responderá pelo débito, porem um crime foi cometido e a empresa, por ser um ente incorpóreo e abstrato, não tem como responder pelo crime. Nesse caso, quem responderá pelo processo-crime será quem detém na empresa a chamada Responsabilidade Legal, por lei atribuída a qualquer um dos diretores, mesmo que não seja o diretor responsável pelo recolhimento dos tributos não pagos. Esse é um dos cuidados que qualquer candidato a diretor de S.A. deve ter antes de aceitar o convite, pois sem qualquer aviso prévio, havendo ocorrências como a mencionada, poderá ser surpreendido com a possibilidade de ter que responder processo criminal por apropriação indébita, mesmo que não tenha nada a ver com o fato.

Situação semelhante poderá ocorrer se eventualmente, como diretor, assinar um cheque que porventura não tenha fundos. Isso também caracteriza crime. Se o credor do cheque levar o documento com os carimbos do banco de cheque devolvido pelas alíneas 11 (devolução por cheque sem fundos) e 12 (devolução na reapresentação do mesmo cheque pela segunda vez pelo mesmo motivo) a uma delegacia de defraudações e dar queixa, o delegado remeterá o processo ao Ministério Público que poderá dar andamento ao mesmo, encaminhando a um Juiz para instaurar processo de crime por estelionato, artigo 171 do Código Penal Brasileiro. Aqui se repete a situação de que a empresa é a responsável pelo pagamento, mas o emitente (quem assinou o cheque) terá de responder a processo crime caso o Juiz aceite a denúncia do Ministério Público.

Assembleia Geral: tem poderes para decidir todos os negócios relativos ao objeto da companhia e tomar as resoluções que julgar conveniente ao interesse da sociedade, conforme estabelece o artigo 122 da lei 6404, modificado pela lei 10.303/2001. Essa Assembleia Geral poderá ser Ordinária ou Extraordinária.

Assembleia Geral Ordinária (AGO): realizada anualmente dentro dos quatro primeiros meses seguintes ao término do exercício social, composta pelos acionistas. Cabe a ela examinar as contas, deliberar sobre lucros e dividendos, eleger Diretoria quando não tem Conselho de Administração, eleger Conselho Fiscal.

Assembleia Geral Extraordinária (AGE): delibera a qualquer tempo, se convocada, sobre assuntos não incluídos na competência da AGO, como o fechamento ou abertura do capital, mudança dos estatutos, criação de nova unidade, lançamento de debêntures etc.

Conselho Fiscal: fiscaliza os atos dos administradores, mínimo de três e máximo de cinco membros, eleitos pela Assembleia Geral. Poderá ser permanente, ou quando solicitado por acionistas que representem, no mínimo, 10% das ações com direito a voto, ou 5% das ações sem direito a voto, durando até a AGO seguinte.

2.12 Operações entre Sociedades Comerciais

Interessante tema que precisa ser do conhecimento de profissionais que vierem a atuar com Registro do Comércio é a possibilidade de ocorrência de operações envolvendo sociedades comerciais, previstas na Lei Federal 6.404/1976 (Lei das S/A – artigos 226 a 229 – com redação dada pela Lei Federal 11.638/2007) e no Código Civil Brasileiro – Capítulo X, artigos 1.113 a 1.122. São negociações que ocorrem entre empresas e requerem estudos especializados de contadores experientes e advogados da área do Direito Societário e, eventualmente, outros profissionais, considerados peritos em suas áreas de atuação. Em hipótese alguma poderão essas operações redundar em prejuízos para credores, fornecedores, empregados, acionistas, quotistas. Não importa a época do ano em que ocorram, após a concretização deverá ser feito balanço completo e submetida à Receita Federal declaração de renda espelhando a nova situação.

Transformação (Código Civil – Art. 1.113): operação em que a sociedade, independente de dissolução ou liquidação, passa de um tipo jurídico para outro, sem prejuízo de ninguém. Por exemplo, quando uma S/A muda sua forma jurídica, fechando seu capital, passando de sociedade anônima de capital aberto para sociedade anônima de capital fechado, ou mesmo para uma sociedade empresária limitada. Uma sociedade empresária limitada resolve abrir seu capital e passa a ser uma sociedade anônima de capital aberto.

Incorporação (Código Civil – Art. 1.116): na incorporação, uma ou mais sociedades são absorvidas por outra, que lhes sucede em todos os direitos e obrigações. Não há o surgimento de outra sociedade. A **Empresa A** absorve (compra) a **Empresa B**. A **Empresa B** desaparece ficando a **Empresa A** maior, conforme ilustração abaixo.

Figura A

Exemplo deste tipo de operação foi a compra da fabricante de chocolates da marca Garoto pela gigante multinacional Nestlé.
Fusão (Código Civil – Art. 1.119): a fusão determina a extinção das sociedades que se unem, para formar sociedade nova, que a elas sucederá nos direitos e obrigações. Trata-se, portanto, da união da empresa A com a empresa B para formar uma nova empresa maior. As empresas A e B envolvidas na operação desaparecem, dando origem a uma nova empresa C com a soma dos patrimônios das duas empresas extintas, conforme imagem abaixo.

Figura B

Exemplo marcante desse tipo de operação foi a união das empresas fabricantes de cerveja da marca Brahma (e outras marcas) com a da marca Antarctica (e outras marcas) que deu origem à AMBEV – Companhia de Bebidas das Américas.
Cisão (Lei 6.404/1976 – Art. 229): A cisão é a operação pela qual a companhia transfere parcelas do seu patrimônio para uma ou mais sociedades, constituídas para esse fim ou já existentes, extinguindo-se a companhia cindida, se houver versão de todo o seu patrimônio, ou dividindo-se o seu capital, se parcial a versão. O texto legal refere duas possibilidades, envolvendo uma sociedade que transfere parte de seu patrimônio e cria uma nova empresa, continuando a existir, que é o caso de uma cisão parcial. A outra

possibilidade ocorre quando uma sociedade transfere todo o seu capital para uma ou mais novas sociedades, extinguindo-se, sendo este o caso da cisão total.

Exemplo de cisão parcial é o caso da Subsidiária Integral (exceção na lei brasileira onde uma sociedade pode ser composta de apenas 1 sócio), prevista no Art. 251 da Lei 6404/76. Imagine-se uma S/A montadora de motocicletas que está tendo dificuldades mercadológicas para obter pneus. Sem os pneus as motos ficam prontas apenas aguardando este item para serem entregues. Para evitar problemas de estoques de produtos prontos em nível elevado, a montadora decide cindir parte de seu patrimônio e cria uma nova empresa, para fabricar pneus que lhe atenderão e poderão também suprir o mercado. local e exterior.

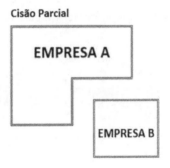

A cisão total é mais difícil de acontecer e seria o caso, por exemplo, de uma empresa "queimada" no mercado, sem chances de recuperação, fechar seu estabelecimento e mudar de ramo, utilizando todo seu patrimônio para investir em outro ramo de negócio, com uma ou mais empresas. Imagine uma fábrica de balas que tenha tido algum problema com a saúde pública, ficando desacreditada no mercado. Não lhe resta outra alternativa a não ser encerrar o negócio de balas e partir para outros ramos, como mostra a imagem abaixo.

Figura C

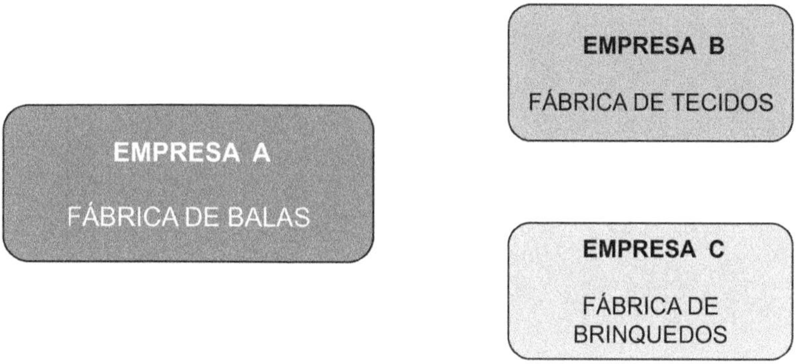

```
                    ┌─────────────────────┐
                    │     EMPRESA B       │
                    │  FÁBRICA DE TECIDOS │
                    └─────────────────────┘
┌──────────────────┐
│    EMPRESA A     │
│ FÁBRICA DE BALAS │
└──────────────────┘
                    ┌─────────────────────┐
                    │     EMPRESA C       │
                    │     FÁBRICA DE      │
                    │    BRINQUEDOS       │
                    └─────────────────────┘
```

A Empresa A – Fábrica de Balas – desaparece dando lugar às empresas B e C.

3
Planejamento da Constituição de uma Sociedade Comercial

3.1 Como Fazer esse Planejamento

Este capítulo traz as principais informações para quem deseja se tornar empreendedor e constituir uma Sociedade Comercial de forma autônoma ou reunido em um grupo de pessoas, sendo um dos sócios. Esse é um conhecimento muito importante para os Contadores, pois faz parte da relação de serviços que prestarão quando iniciarem atividades profissionais. Pessoas com intenção de empreender precisarão se valer dos serviços de um contador se quiserem iniciar de forma correta, valendo-se do conhecimento de profissionais do segmento e, mesmo nas empresas onde os contadores já prestam serviços, como empregados ou de forma autônoma, pode surgir necessidade para criar nova Sociedade ou promover Alterações Contratuais na empresa já existente, e isso é trabalho típico de profissionais contábeis.

Para o início de qualquer empreendimento, é extremamente necessário um planejamento prévio do que se pretende fazer, começando pelo estudo do mercado e identificação do ramo de atividade em que a nova sociedade vai atuar. Informações como localização, horário de funcionamento, peculiaridades da região escolhida, população local, pesquisa sócioeconômica, também fazem parte deste estudo inicial, em consonância com o objeto da sociedade. Superada esta fase, o planejamento deverá identificar:

- Imobilizado necessário para desempenhar a atividade escolhida;
- Custos de funcionamento mensais;
- Despesas de funcionamento mensais; e
- Capital de giro mínimo para "tocar" o negócio.

Identificar essas informações são providências comuns e fundamentais para qualquer iniciativa de empreender. Ao levantar os dados mencionados, estarão sendo identificados elementos importantes para o próximo passo, que é quantificar o nível do capital inicial para o novo empreendimento.

Observação importante: Para iniciar o processo de Constituição de uma Sociedade Comercial, é necessário escolher o nome comercial a ser incluído na redação do Contrato de Constituição e para isso precisa ser realizada pesquisa prévia na Junta Comercial do Estado onde será efetuado o registro, submetendo ao órgão nomes em ordem de preferência dos sócios para ver se não existe nome igual ou semelhante já registrado, o que impediria o arquivamento do Contrato Social da nova Sociedade. Esta pesquisa pode ser feita pelo site das Juntas Comerciais que já estejam adotando procedimentos pela internet, com resposta normalmente em até 2 dias úteis.

3.1.1 A Estimativa do Capital Social

Fundamental para qualquer novo empreendimento é a quantificação do capital mínimo necessário para começar a atividade. Não existe uma regra fixa para esta determinação. O óbvio é que não se pode iniciar uma atividade sem dinheiro suficiente. É recomendável que o capital, num primeiro momento, seja próprio para não haver comprometimento com bancos e juros altos. Recomenda-se também, de posse dos dados financeiros retro referenciados (quantificação do imobilizado necessário para a nova atividade, identificação dos custos e despesas mensais), estimar que a empresa vá operar seis meses sem faturamento. Isso não é uma questão técnica pré-definida, mas é uma recomendação do Autor com base em sua experiência, pois, reunindo no Capital Social recursos necessários para socorrer a nova empresa por esse período mínimo de seis meses, essa providência a deixará livre do pior "sócio" possível num empreendimento de porte pequeno que é o agente financeiro, os bancos em geral, situação que poderá determinar a "morte" precoce do empreendimento. Assim, o Capital Social inicial deverá ser suficiente para manter a empresa funcionando sem problemas nesse período, até que o faturamento ganhe corpo e possa dar a autossuficiência necessária.

3.1.2 Classificação de Atividades para determinar a CNAE

Outro item fundamental no planejamento é pesquisar no site https://cnae.ibge.gov.br e obter classificação de atividade adequada junto à **CNAE (Classificação Nacional de Atividades Econômicas).** De posse do código obtido na pesquisa pela atividade principal do objeto da sociedade, complementa-se a pesquisa para verificar se a atividade se enquadra no sistema de tributação do Simples Nacional em http://cnae-simples.com.br. A tributação pelo Simples pode ser muito mais vantajosa para quem está começando um empreendimento, pois as outras opções atuais – Lucro Presumido ou Lucro Real – mereceriam um estudo contábil mais apurado para avaliar e comparar (esse assunto será tratado mais adiante no Capítulo 10 – Aspectos Gerais das Formas de Tributação das PMES). Essa escolha do sistema de tributação vai depender muito do ramo de atividade e do código de enquadramento. Devido à complexidade do assunto, recomenda-se para as empresas a contratação de um contador experiente no assunto para poder direcionar a questão. Aos alunos do Curso de Ciências Contábeis, que, portanto, ainda estão em formação, recomenda-se também que façam contato com seus futuros colegas a fim de absorverem sua experiência com respeito ao assunto. O mesmo é aplicado se houver dificuldades de encontrar um código CNAE adequado à inscrição no Simples. Esse contador poderá resolver a questão, modificando ou ampliando o objeto social da nova sociedade, possibilitando assim seu enquadramento.

A Instrução Normativa DREI nº 10, de 05/12/2013 (atualizada de acordo com a Lei Complementar nº 147, de 7 de agosto de 2014 e Instrução Normativa DREI nº 26, de 10 de setembro de 2014) introduziu modificações importantes para a Constituição de Sociedades Comerciais, regulamentadas através de Manuais de Registro de Empresas. Seguem os links em que poderão encontrar os referidos manuais
Cooperativas: http://www.normaslegais.com.br/legislacao/ Manual-Registro-Cooperativa.pdf
Empresário individual: http://www.normaslegais.com.br/ legislacao/Manual-Registro-Empresario-Individual.pdf
EIRELI: http://www.normaslegais.com.br/legislacao/Manual--Registro-EIRELI.pdf
Sociedade Anônima: http://www.normaslegais.com.br/legislacao/Manual-Registro-SA.pdf
Sociedade Empresária Limitada: http://www.normaslegais. com.br/legislacao/Manual-Registro-Ltda.pdf

A Instrução normativa DREI nº 12, de 05/12/2013 introduziu procedimentos de registro e arquivamento digital dos atos do Registro do Comércio, porém ainda nem todas as Juntas Comerciais estão aptas às novas determinações, estando estes procedimentos em fase experimental ou de implantação. Algumas Juntas Comerciais já se encontram em fases mais avançadas, já disponibilizando a maioria dos procedimentos via internet. É um momento de transição do sistema físico para o sistema digital que está ocorrendo em todo o Brasil.

Esta Instrução Normativa nº 12 sofreu duas alterações importantes que se recomenda a leitura e análise (pesquisar na internet pelo número da Instrução):

- Instrução Normativa DREI nº 29, de 07/10/2014; e
- Instrução Normativa DREI nº 32, de 25/11/2015.

Observa-se no Brasil, por parte das autoridades que tratam da atividade de Registro do Comércio, uma tendência marcante a buscar a simplificação de procedimentos e agilidade na efetivação dos registros constitutivos de novos empreendimentos que atendam a determinadas características. Exemplo desta tendência foi a recente Instrução Normativa DREI nº 62-10/05/2019 que havia instituído o registro Automático de Sociedades Comerciais, desde que cumpridos alguns passos bem simples, baseada esta Instrução na Medida Provisória nº 876/2019 que trouxe alterações à Lei Federal 8934 que trata do Registro do Comércio. Porém decorreram os 120 dias de sua vigência sem que fosse transformada em lei, ocasionando assim a cessação de seus efeitos e o término de sua vigência. Considerando a perda de eficácia da Medida Provisória 876, e a manutenção da tendência pelas autoridades brasileiras de simplificação de procedimentos para o Registro do Comércio, foi promulgada a Lei Federal 13.874 em 20/09/2019, a chamada Lei da Liberdade Econômica, tendo como origem a Medida Provisória 881, agora transformada em lei, que trouxe novamente à baila dispositivos que haviam sido cancelados juntamente com a perda de eficácia da Medida Provisória 876. Esta nova lei veio para facilitar muitos procedimentos e incentivar cada vez mais o empreendedorismo. O tema é muito recente e poderá ainda ter outros desdobramentos, motivo pelo qual se recomenda a leitura atenta desta lei e o acompanhamento pela imprensa de possíveis novas mudanças.

Abaixo, o endereço da página dentro do site do Ministério da Indústria, Comércio Exterior e Serviços onde poderão ser encontrados formulários para "download" que fazem parte da relação de anexos que devem acompanhar os Processos de Constituição e de Alteração Contratual de Sociedades Comerciais, quando encaminhados para Registro de Sociedades Comerciais. Como essa atividade está em transição da fase física para a digital, pode haver alguma dificuldade em localizar algum desses formulários, tornando útil acessar este endereço: http://www.mdic.gov.br/index.php/micro-e-pequenas-empresa/drei/links-e-downloads-drei

3.1.3 Procedimentos para Registrar a Nova Sociedade

Em sala de aula, quando o Autor está em pleno exercício de sua atividade como professor, faz parte de sua didática e de seu Plano de Ensino dividir a turma em grupos de cinco alunos para que esses grupos desenvolvam ao longo do semestre a simulação da Constituição e da Alteração Contratual de uma Sociedade Comercial. É um trabalho prático realizado em etapas, conforme instruções disponibilizadas gradativamente a cada etapa. Sugestão que fica aos colegas professores que lecionam conteúdo semelhante, é desenvolver atividades como esta, pois coloca os alunos em contato com uma atividade fundamental para a futura carreira profissional. Nesse trabalho, os grupos deverão se reunir, planejar o novo empreendimento, escolher o tipo de sociedade comercial que vão adotar, promover visitas direcionadas à Junta Comercial, ao SEBRAE, a um Escritório de Contabilidade e a um empresário inscrito no Simples Nacional que já atue no segmento, visando com essas visitas buscar as informações necessárias e, de posse delas, elaborar o Contrato Social e anexar o que for necessário ao documento para promover o devido Registro. O mesmo será feito com a simulação de uma Alteração Contratual com alterações de cláusulas do contrato original, igualmente acompanhada dos anexos necessários para Registro.

Os diversos anexos que devem acompanhar os documentos contratuais vão variar conforme o tipo de sociedade e isso deverá ser pesquisado pelos próprios alunos na Junta Comercial, que informará detalhadamente o que deve ser anexado. Os anexos comumente solicitados, porém, não restritos a esses (podem haver outros):

- Capa de Processo;
- Fichas FCN (Fichas de Cadastro Nacional) da Empresa e dos Sócios;
- Cópia Autenticada dos Documentos de Identificação dos Sócios;
- Comprovante de Residência dos Sócios;
- DBE (Documento Básico de Entrada); e

- Geração de Documento de Encaminhamento ao CNPJ (Receita Federal).

Dependendo do tipo de sociedade e de seu objeto social poderão ser necessárias vistorias dos bombeiros e/ou vigilância sanitária.

Outro anexo muito importante e que boa parte dos empreendedores desconsidera por puro desconhecimento é a Declaração de Enquadramento no Simples Nacional já na Constituição da Sociedade. Caso não tenha essa opção de enquadramento na Constituição, deverá haver visto de Advogado no Contrato Social e na Alteração Contratual, juntamente com as assinaturas dos sócios, gerando um custo adicional, pois, obviamente, o Advogado vai cobrar para assinar esses documentos. Portanto, se recomenda que seja feita a adesão ao Simples já na Constituição da sociedade, a não ser que o empreendimento tenha perspectivas de receitas superiores aos limites do Sistema ou que já tenham sido feitos cálculos determinando que Lucro Real ou Lucro Presumido sejam opções mais vantajosas para a futura empresa.

A questão dos anexos a serem preenchidos e juntados ao Contrato Social e Alteração Contratual deve ser muito bem avaliada por quem estiver encarregado desta tarefa para que não leve à Junta Comercial documentação incompleta. Caso isso ocorra, o contrato cairá em exigência causando demora na efetivação do registro da sociedade.

O que é importante destacar é que estamos numa fase de transição com uma tendência marcante das autoridades federais envolvidas com Registro do Comércio em simplificar ao máximo os processos para eliminar, dentro do possível, a enorme burocracia que por muito anos impediu a celeridade desses processos. Exemplo disso foi a Instrução Normativa DREI n° 62 já referida anteriormente e a recente promulgação da Lei Federal 13.874, Lei da Liberdade Econômica, retro citada.

Muitas Juntas Comerciais estão em plena transição de procedimentos em papel para os meios digitais. É óbvio que em momentos assim se tenha algumas dificuldades de adaptação, mas, com o passar do tempo e da solidificação desses processos, tudo tende a se normalizar.

4
Prazos de Guarda de Documentos pelas Empresas

É importante[5] ter conhecimento dos prazos legais para guarda de documentos e prazos prescricionais. Importante também estar atento e acompanhar possíveis alterações legais sobre esses prazos em resoluções e legislações futuras.

O prazo de guarda e manutenção de livros e documentos fiscais nas competências federal, estadual ou municipal, como regra geral, terá ligação direta com a prescrição ou decadência do direito de a Administração Pública constituir o crédito tributário.

4.1 Na Área Comercial e Fiscal

Conforme Código Tributário Nacional — art. 173 — o direito à constituição do crédito tributário extingue-se em 5 anos contados do primeiro dia do exercício seguinte àquele em que o lançamento poderia ter sido efetuado, como regra geral.

4.2 Na Área da Previdência Social

Conforme Lei nº 8.212/91, a forma de início de contagem é a mesma disciplinada pelo CTN - art. 173, e o prazo de prescrição é de até 10 anos.

---

[5] Fonte do conteúdo deste capítulo: http://www.aprocon.com.br/manuais-guias.asp

4.3 Na Área Trabalhista

Direito individual: o prazo de prescrição é de 5 anos para os trabalhadores rurais e urbanos, com o limite de 2 anos para formalização de reclamatória trabalhista. Cabe observar que a contagem do prazo de 5 anos é retroativa pois, em possível reclamatória, o empregado só poderá discutir eventuais créditos trabalhistas dos últimos 5 anos, a contar da data do ingresso da ação, podendo os documentos anteriores serem destruídos. O prazo de 2 anos para ingresso de reclamatória começa a contar a partir da extinção do contrato de trabalho.

Administração: além da regra geral que se aplica ao direito individual trabalhista, ainda existem regras próprias de caráter administrativo que determinam o prazo prescricional de 30 anos para os documentos relacionados ao FGTS e 10 anos para os comprovantes de pagamento do FINSOCIAL (Fundo de Investimento Social) e PIS/PASEP, e comprovante de entrega da RAIS. A contagem desses prazos prescricionais, com exceção aos documentos do FGTS, iniciará a partir da data fixada para recolhimento.

Regras Excepcionais: deve ser observado que, apesar da norma geral trazer prazos prescricionais e suas formas de contagem, podem ocorrer pendências judiciais ou administrativas e nesses casos, os livros, documentos e papéis relacionados devem ser guardados enquanto não prescritos os prazos de eventuais processos. Convém conversar sobre esse assunto com o departamento jurídico da empresa.

Quanto aos prazos dessas ações, cuja prescrição é disciplinada pelo Código Civil Brasileiro, as ações pessoais prescrevem em 20 anos, as ações reais em 10 anos entre os presentes e 15 anos entre os ausentes, contados da data em que poderiam ter sido propostas.

Muito embora a legislação aponte a regra geral para guarda de livros e documentos, deve-se ter atenção redobrada nos prazos de guarda de documentos previdenciários, comerciais e fiscais, que por vezes são conflitantes, e por outras omissas, sendo recomendado seguir os prazos apontados nos quadros abaixo, conforme a competência tributária.

Prazos de Guarda de Documentos pelas Empresas

Documento	Tempo de Guarda	Início da Contagem
COMPETÊNCIA FEDERAL		
Acordo de compensação de horas	5 anos	Retroativo à data da extinção do contrato de trabalho
Acordo de prorrogação de horas	5 anos	Retroativo à data da extinção do contrato de trabalho
Atestado de Saúde Ocupacional	Tempo de validade	
CAGED (Cadastro Geral de Empregados e Desempregados)	36 meses	Primeiro dia do exercício seguinte
Carta com Pedido de Demissão	5 anos	Retroativo à data da extinção do contrato de trabalho
CAT (Comunicação de Acidente do Trabalho)	10 anos	Primeiro dia do exercício seguinte
CIPA (Comissão Interna de Prevenção de Acidentes - livros de atas)	Indeterminado	
CIPA (Comissão Interna de Prevenção de Acidentes - processo eleitoral)	5 anos	Próximo processo eleitoral
COFINS (Contribuição Financiamento da Seguridade Social) (inclusive DARF)	5 anos	Data do recolhimento
Comprovante de entrega da GSP (Guia da Previdência Social) ao sindicato profissional	10 anos	Primeiro dia do exercício seguinte
Comprovante de pagamento de benefícios reembolsados pelo INSS	10 anos	
Comunicação do Aviso Prévio	5 anos	Retroativo à data da extinção do contrato de trabalho
Contrato de trabalho	Indeterminado	
DARF's – PIS (Programa de Integração Social)	10 anos	Data do recolhimento
Depósitos do FGTS	30 anos	
Documentos das entidades isentas de contribuição previdenciária	10 anos	Primeiro dia do exercício seguinte
(Livro Razão, balanço patrimonial e demonstração de resultado do exercício etc.)		

Documento	Tempo de Guarda	Início da Contagem
Livro Diário	permanente	
Ficha de Acidente do Trabalho e Formulário Resumo Estatístico Anual	03 anos	Primeiro dia do exercício seguinte
FINSOCIAL (Fundo de Investimento Social)	10 anos	Data do recolhimento
Folha de pagamento	10 anos	Primeiro dia do exercício seguinte
GFIP (Guia de Recolhimento do Fundo de Garantia do Tempo de Serviço e Informações à Previdência Social)	30 anos	
GPS (Guia da Previdência Social) - original	10 anos	
GRCS (Guia de Recolhimento da Contribuição Sindical)	5 anos	
GRE (Guia de Recolhimento) do FGTS	30 anos	
GRFP (Guia de Recolhimento Rescisório do FGTS) e Informações à Previdência Social	30 anos	
Histórico clínico	20 anos	Data da extinção do contrato de trabalho
Informações prestadas ao INSS	10 anos	
Lançamentos contábeis de contribuições previdenciárias	permanente	
• Livro Diário	10 anos	
• Livro Razão		
Livro "Registro de Segurança"	Existência do equipamento	
Livro de Inspeção do Trabalho	Indeterminado	
Livros ou fichas de Registro de Empregados	Indeterminado	
Livros, cartão ou fichas de ponto	5 anos	Retroativo à data da extinção do contrato de trabalho
Mapa de avaliação dos acidentes do trabalho (SESMT)	5 anos	Data do comprovante de entrega
PIS (Programa de Integração Social) e PASEP (Programa de Formação do Patrimônio do Servidor Público)	10 anos	Data do recolhimento

Documento	Tempo de Guarda	Início da Contagem
RAIS (Relação Anual de Informações Sociais)	10 anos	Data da entrega
RE (Relação de Empregados) do FGTS	30 anos	Primeiro dia do exercício seguinte
Recibo de entrega do formulário Declaração de Instalação	Indeterminado	
Recibo de entrega do vale-transporte	5 anos	Retroativo à data da extinção do contrato de trabalho
Recibos de pagamentos de férias	10 anos	Primeiro dia do exercício seguinte
Recibos de pagamentos de salários	10 anos	Primeiro dia do exercício seguinte
Recibos de pagamentos do 13º salário	10 anos	Primeiro dia do exercício seguinte
Recolhimentos previdenciários do contribuinte individual	Indeterminado	
Registros PPRA (Programa de Prevenção de Riscos Ambientais)	20 anos	Planejamento anual seguinte
Salário-educação – documentos relacionados ao benefício	10 anos	Primeiro dia do exercício seguinte
Salário-família – documentos relacionados ao benefício	10 anos	Primeiro dia do exercício seguinte
SEFIP (Sistema Empresa de Recolhimento do FGTS e Informações à Previdência Social)	30 anos	
Seguro Desemprego – Comunicado de Dispensa	5 anos	Data da extinção do contrato de trabalho
Termo de Rescisão do Contrato de Trabalho	5 anos	Retroativo à data da extinção do contrato de trabalho
Comercial e Fiscal		
Documento	Tempo de Guarda	Início da Contagem
Arquivo em meio magnético (sistema de processamento de dados para registrar negócios e atividades econômicas, escriturar livros ou elaborar documentos)	5 anos	Primeiro dia do exercício seguinte
Auditores independentes (documentos, relatórios, pareceres etc)	5 anos	Data da emissão de seu parecer

Contabilidade para Pequenas e Médias Empresas

Documento	Tempo de Guarda	Início da Contagem
Compensação mercantil	20 anos	
Comprovantes da Escrituração (Notas Ficais e recibos)	5 anos	
Comprovantes de deduções do Imposto de Renda (despesas e receitas de projetos culturais, obras audiovisuais etc.)	5 anos	
Contrato de Seguros – informação de valores	20 anos	Término da vigência
Contratos de seguros de bens – documentos originais	5 anos	
Contratos de seguros de pessoas – documentos originais	20 anos	Término da vigência
Contratos Previdenciários Privados	20 anos	Término da vigência
DECORE (Declaração Comprobatória de Percepção de Rendimentos)	5 anos	Primeiro dia do exercício seguinte
DIPJ (Declaração Integrada de Informações Econômico-Fiscais da Pessoa Jurídica)	5 anos	Primeiro dia do exercício seguinte
DIRF (Declaração de imposto de Renda Retido na Fonte)	5 anos	Data da entrega à SRF
Extinção das debêntures	5 anos	Primeiro dia do exercício seguinte
Imposto de Renda – documentos relativos à declaração (geral)	5 anos	Primeiro dia do exercício seguinte
Imposto sobre Produtos Industrializados (pessoa jurídica) – comprovantes de escrituração	5 anos	
Livros obrigatórios de escrituração fiscal e comercial	5 anos	
• Livro Diário	permanente	
• Livro Razão	10 anos	
Novação mercantil	20 anos	
Pagamentos mercantis	20 anos	
S/A – Títulos ou contratos de investimento coletivo	8 anos	Primeiro dia do exercício seguinte
Títulos de capitalização - documentos originais	20 anos	Término da vigência ou do resgate, o que for maior

Prazos de Guarda de Documentos pelas Empresas

Documento	Tempo de Guarda	Início da Contagem
Títulos de capitalização – informação de valores	20 anos	Término da vigência

COMPETÊNCIA ESTADUAL

Fiscal

Documento	Tempo de Guarda	Início da contagem
Bilhete de Passagem Aquaviário	5 anos	Primeiro dia do exercício seguinte
Bilhete de Passagem e Nota de Bagagem		
Bilhete de Passagem Ferroviário		
Bilhete de Passagem Rodoviário		
Conhecimento aéreo		
Conhecimento de Transporte Aquático de Cargas		
Conhecimento de Transporte Ferroviário de Cargas		
Conhecimento de Transporte Rodoviário de Cargas		
Cupom Fiscal emitido por ECF		
Despacho de Transporte		
Manifesto de Carga		
Nota Fiscal de Serviço de Comunicação		
Nota Fiscal de Serviço de Telecomunicações		
Nota Fiscal de Serviço de Transporte		
Nota Fiscal de Venda a Consumidor		
Nota Fiscal, modelos 1 ou 1-A		
Nota Fiscal/Conta de energia elétrica		
Ordem de Coleta de Cargas		
Resumo de Movimento Diário		
Carnê de recolhimento - ME e EPP anterior regime de estimativa	5 anos	Primeiro dia do exercício seguinte

Documento	Tempo de Guarda	Início da Contagem
Documentos fiscais e formulários não emitidos – Desenquadramento de ME/EPP	5 anos	Primeiro dia do exercício seguinte
Livro de Registro de Entradas	5 anos	Primeiro dia do exercício seguinte
Livro de Registro de Saídas		
Livro de Registro de Controle da Produção e do Estoque		
Livro de Registro do Selo Especial de Controle		
Livro de Registro de Impressão de Doctos. Fiscais		
Livro de Registro de Utilização de Docs Fiscais e Termos de Ocorrências		
Livro de Registro de Inventário	5 anos	
Livro de Registro de Apuração do IPI		
Livro de Registro de Apuração do ICMS		
Livro de Movimento de Combustíveis,		
COMPETÊNCIA MUNICIPAL		
Fiscal		
Documentos em geral	5 anos	Primeiro dia do exercício seguinte
• Nota Fiscal de Serviço		
• Nota Fiscal –Fatura de Serviço		
Livro de Registro de Notas F. de Serviços Prestados	5 anos	Primeiro dia do exercício seguinte
Livro de Registro de Notas Fiscais-Faturas de Serviços Prestados a Terceiros		
Livro de Registro de Movimento Diário de ingressos em Diversões Públicas		
Livro de Registro de Recebimento de Impressos Fiscais e Termos de Ocorrências	5 anos	

Documento	Tempo de Guarda	Início da Contagem
Livro de Registro de Impressão de Doctos Fiscais		
Nota Fiscal/Conta de energia elétrica		
Ordem de Coleta de Cargas		
Resumo de Movimento Diário		
Carnê de recolhimento - ME e EPP anterior regime de estimativa	5 anos	Primeiro dia do exercício seguinte
Documentos fiscais e formulários não emitidos – Desenquadramento de ME/ EPP	5 anos	Primeiro dia do exercício seguinte
Livro de Registro de Entradas	5 anos	Primeiro dia do exercício seguinte
Livro de Registro de Saídas		
Livro de Registro de Controle da Produção e do Estoque		
Livro de Registro do Selo Especial de Controle		
Livro de Registro de Impressão de Documentos Fiscais		
Livro de Registro de Utilização de Docs Fiscais e Termos de Ocorrências		
Livro de Registro de Inventário		
Livro de Registro de Apuração do IPI		
Livro de Registro de Apuração do ICMS		
Livro de Movimento de Combustíveis		
COMPETÊNCIA MUNICIPAL		
Fiscal		
Documentos em geral	5 anos	Primeiro dia do exercício seguinte
• Nota Fiscal de Serviço		
• Nota Fiscal –Fatura de Serviço		
Livro de Registro de Notas F. de Serviços Prestados	5 anos	Primeiro dia do exercício seguinte

Documento	Tempo de Guarda	Início da Contagem
Livro de Registro de Notas Fiscais-Faturas de Serviços Prestados a Terceiros		
Livro de Registro de Movimento Diário de ingressos em Diversões Públicas		
Livro de Registro de Recebimento de Impressos Fiscais e Termos de Ocorrências		
Livro de Registro de Impressão de Doc. Fiscais		

5
O Simples Nacional

O tema central deste livro, como seu próprio nome estabelece, tem como principal alvo a grande maioria das empresas brasileiras que, por questões de conveniência fiscal e simplificação de procedimentos, são empresas optantes pelo **Simples Nacional**, sistema de pagamento simplificado de impostos e contribuições vigente no Brasil, o que torna primordial entender as principais diretrizes desse sistema e seu funcionamento, visto que será o cenário em que inúmeros profissionais atuarão e que vai interessar também aos futuros empreendedores. Esse Sistema abriga:

- ME (Microempresa);
- EPP (Empresa de Pequeno Porte); e
- MEI (Microempreendedor Individual).

BASE: Lei Complementar 123 – 14/12/2006

Alterações posteriores: LC 127 – 15/08/2007, LC 128 – 19/12/2008, LC 133 – 28/12/2009, LC 139 – 10/11/2011 (novos limites), LC 147 – 07/08/2014 (inclusão de novos segmentos empresariais).

LC 155 – 27/10/2016: com profundas modificações na legislação, ampliou limites e trouxe importantes alterações na forma de tributação, com novas tabelas para cálculo e divisão dos tributos para as três competências tributárias existentes no Brasil (União, Estados, Municípios).

5.1 Breve Retrospecto Histórico

Em 1979 foi lançado pelo Governo Federal o Programa Nacional da Desburocratização, através do Decreto Federal 83.740 – 18/07/79, visando simplificar o funcionamento da Administração Pública Federal. Uma das intenções do Programa era fortalecer o sistema de livre iniciativa empresarial e dar amparo às microempresas nacionais. Assim, foi criado o Estatuto da Microempresa através da Lei Federal 7.256 – 27/11/84, regulamentada pelo Decreto Federal 90.880/85 e alterações posteriores. Para viabilizar a introdução do Estatuto da Microempresa na esfera estadual e municipal, especialmente no tocante à tributação, foi promulgada a Lei Complementar 48 – 10/12/84, desvinculando os Estados, os Territórios e os Municípios de se prenderem à Lei 7.256/84 para definir microempresa, quando estabelece no art. 2º que os Estados, Territórios e Municípios definirão as microempresas em função das características econômicas regionais ou locais, atendendo-se ainda à participação efetiva dessas empresas na arrecadação dos tributos estaduais ou municipais. Essa microempresa definida na esfera federal por esta legislação tinha limite de faturamento muito baixo e foi a primeira tentativa governamental para estabelecer um sistema mais ágil e simplificado para incentivar o empreendedorismo.

A Lei Federal 7.256/84 foi gradativamente sendo alterada com novas definições de regras para o funcionamento das microempresas e evoluiu com a criação do conceito nacional de empresas de pequeno porte (EPP), com ampliação de limites de faturamento. A Lei Federal 9317 – 05/12/1996 criou o **Simples (Sistema Integrado de Pagamento de Impostos e Contribuições)**. Posteriormente a Lei Federal 9841/1999 estabeleceu o novo Estatuto da Microempresa e da Empresa de Pequeno Porte.

As Leis Federais 7256, 9317, 9841 foram revogadas pela Lei Complementar 123/2006, com entrada em vigor em 01/07/2007, novo marco importante na evolução do sistema, ao instituir o conceito do Simples Nacional, Regime Especial Unificado de Arrecadação de Tributos e Contribuições. Com essa nova legislação, o sistema ganhou dimensão nacional, centralizando a arrecadação dos tributos das três competências tributárias.

A alteração mais recente, com vigência a partir de 01/01/2018, foi introduzida pela LC 155/2016 que ampliou os limites de enquadramento e trouxe profunda modificação ao sistema, criando uma sistemática de cálculo progressivo, reduzindo as faixas de tributação com novas tabelas. Visando protagonizar a mobilização do setor com o objetivo de unir forças para impulsionar o empreendedorismo e dinamizar a economia, foi criada pela Lei 12.792/2013 a **SEMPE (Secretaria da Micro e Pequena Empresa)**, ligada diretamente à Presidência da República, com "status" de Ministério, em função da importância desse segmento no país.

Para se ter noção da importância do Setor na Economia Brasileira, em números aproximados, extraídos do site da **SEMPE** (http://www.mdic.gov.br/index.php/micro-e-pequenas-empresa), são 7,7 milhões de microempreendedores Individuais (MEI) (conforme Portal do MEI em 12/2017), 8 milhões de micro e pequenas empresas e 8,5 milhões de artesãos. Portanto, temos aí cerca de 95% das empresas brasileiras movimentando 27% do PIB e empregando 52% da mão de obra privada no país.

5.2 Conceitos de Microempresa (ME), Empresa de Pequeno Porte (EPP), Microempreendedor Individual (MEI) conforme Lei Complementar 123 e Alterações Posteriores, especialmente a LC 155/2016

Essa Legislação estabelece normas gerais relativas ao tratamento diferenciado e favorecido a ser dispensado às microempresas e empresas de pequeno porte no âmbito dos Poderes da União, dos Estados, do Distrito Federal e dos Municípios. A gestão das tratativas é de encargo de um Comitê Gestor de Tributação das Microempresas e Empresas de Pequeno Porte, vinculado ao Ministério da Fazenda, assim composto:

Para tratar de aspectos tributários
2 representantes da Secretaria da Receita Federal;
2 representantes da Secretaria da Receita Previdenciária, como representantes da União;
2 representantes dos Estados:
2 representantes do Distrito Federal;
2 representantes dos Municípios.

Para tratar dos demais aspectos
O Fórum Permanente das Microempresas e Empresas de Pequeno Porte, com a participação dos órgãos federais competentes e das entidades vinculadas ao setor.

Consideram-se microempresas ou empresas de pequeno porte a sociedade empresária, a sociedade simples e o empresário a que se refere o art. 966 da Lei nº 10.406/2002 (Código Civil), devidamente registrados no Registro de Empresas Mercantis ou no Registro Civil de Pessoas Jurídicas, conforme o caso.

Art. 966 do Código Civil: "considera-se empresário quem exerce profissionalmente atividade econômica organizada para a produção ou a circulação de bens ou de serviços."

Microempresa (ME): empresário, pessoa jurídica, ou a ela equiparada que aufira receita bruta anual até R$ 360.000,00. Iniciando atividade no próprio ano, o limite é proporcional ao nº de meses em atividade no ano.

Empresa de Pequeno Porte (EPP): empresário, pessoa jurídica, ou a ela equiparada que aufira receita bruta anual superior a R$ 360.000,00 e igual ou inferior a R$ 4.800.000,00. Iniciando atividade no próprio ano, o limite é proporcional ao nº de meses em atividade no ano.

5.2.1 Microempreendedor Individual (MEI)

Entrou em vigor em 01/07/2009 a figura do Microempreendedor Individual (MEI), criado pela LC 128/08, regulamentada pela Resolução 58 do CGSN (Comitê Gestor do Simples Nacional). Segundo este dispositivo legal, será enquadrado como tal o Empresário Individual mencionado no artigo 966 do Código Civil Brasileiro que satisfizer cumulativamente as seguintes condições:

- Receita bruta anual não superior a **R$ 81.000,00**;
- Optante pelo Simples Nacional;
- Exerça somente as atividades relacionadas no Anexo I desta Resolução;
- Possua um único estabelecimento;
- Não participe de outra empresa como titular, sócio ou administrador; e
- Tenha até 1 empregado recebendo apenas salário mínimo ou piso profissional da categoria.

A formalização pode ser feita pela internet no endereço www.portaldoempreendedor.gov.br. Inúmeras empresas contábeis no país estão habilitadas a fazer isso sem custo, conforme relação no portal do empreendedor. O SEBRAE também fornece orientações sem nenhum custo para os interessados.

O CNPJ, o número de inscrição na Junta Comercial e no INSS e um documento de alvará que equivale ao alvará de funcionamento são obtidos imediatamente, gerando um documento que deve ser impresso, assinado e encaminhado à Junta Comercial acompanhado de cópia da Identidade. É necessário também conhecer as normas da Prefeitura local para desenvolver a atividade, seja ela qual for, inclusive quanto à localização e possibilidade de atuar no endereço cadastrado.

5.2.1.1 Custos e obrigações para o MEI

O ato de formalização está isento de todas as tarifas. Para a formalização e para a primeira declaração anual existe uma rede de empresas de contabilidade que irão realizar essas tarefas sem cobrar nada no primeiro ano. Após a formalização o empreendedor terá os seguintes custos (Valores válidos para o ano de 2019):

R$ 49,90	5% do salário mínimo (R$ 998,00), contribuição para a previdência social
R$ 1,00	referente ao ICMS
R$ 50,90	Atividade de Comércio ou Indústria

R$ 49,90	5% do salário mínimo (R$ 998,00), contribuição para a previdência social
R$ 5,00	referente ao ISS, caso seja contribuinte
R$ 54,90	Atividade de Prestação de Serviços

R$ 49,90	5% do salário mínimo (R$ 998,00), contribuição para a previdência social
R$ 6,00	referente ao ICMS e ISS, caso seja contribuinte
R$ 55,90	Atividade de Comércio e Prestação de Serviços

R$ 29,94	3% do salário mínimo, caso tenha até 1 empregado que receba 1 Sal Mín. mensal
	Deve ser descontado do empregado a importância de R$ 79,84 (8% do SM)
	O MEI deve pagar ainda em guia separada o FGTS – 8%

R$ 80,84	Total mensal com / ind tendo até 1 empregado que receba 1 Sal. Mín. Mensal
R$ 84,84	Total mensal prestação serv. com até 1 empregado que receba 1 Sal. Mín. Mensal
R$ 85,84	Total mensal com / ind / serv. e até 1 empregado que receba 1 Sal. Mín. Mensal

O SIMPLES NACIONAL 101

Com a contribuição à Previdência Social, o Microempreendedor Individual tem acesso a benefícios como auxílio maternidade, auxílio doença, aposentadoria (base de 1 Salário Mínimo), entre outros. O MEI poderá gerar o carnê de pagamento ou as guias individuais (DAS – Documento de Arrecadação do Simples) no site www.portaldoempreendedor.gov.br e efetuar o pagamento na rede bancária e casas lotéricas da Caixa Econômica Federal até o dia 20 de cada mês. Mensalmente deverá fazer uma declaração correspondente a quanto o empreendimento faturou, com emissão de notas fiscais (obrigatórias em vendas a pessoas jurídicas) e sem a emissão de notas fiscais. Essa declaração não precisa ser enviada para nenhum órgão. Basta guardá-la. Anualmente, até o último dia de janeiro, deverá ser feita uma Declaração pela Internet do faturamento. O MEI deverá guardar as notas fiscais de suas compras.

Ultrapassando o Limite de Faturamento anual de R$ 81.000,00, o empreendimento deixa de ser MEI e é incluído no sistema do Simples Nacional, na categoria de microempresa, enquadrando-se nas tabelas próprias conforme LC 155/2016.

Obrigações Fiscais para o MEI: o Empreendedor Individual estará dispensado de emitir nota fiscal para consumidor pessoa física, mas estará obrigado à emissão quando vender para pessoa jurídica. Livro Diário e Razão estão dispensados, assim como o Livro Caixa. O MEI deverá registrar, mensalmente, em formulário simplificado, o total das suas receitas. Deverá manter em seu poder, da mesma forma, as notas fiscais de compras de produtos e de serviços. Essa organização mínima permite gerenciar melhor o negócio e a própria vida, além de ser importante para crescer e se desenvolver.

O MEI não estará sujeito aos seguintes tributos: IRPJ, IPI, CSLL, COFINS, PIS/PASEP, ICMS, ISS.

5.2.2 O Simples Nacional

Com a vigência da Lei Complementar 123/2006 ficou instituído o Regime Especial Unificado de Arrecadação de Tributos e

Contribuições. O enquadramento no Simples Nacional como ME ou EPP implicará no recolhimento mensal mediante documento único de arrecadação dos seguintes impostos e contribuições:

- **IRPJ**: imposto de renda pessoa jurídica;
- **IPI**: imposto sobre produtos industrializados;
- **CSLL**: contribuição social sobre o lucro líquido;
- **COFINS**: contribuição para financiamento da seguridade social;
- **PIS / PASEP**: contribuição para os Programa de Integração Social e Formação do Patrimônio do Servidor Público;
- **CPP (Contribuição Patronal Previdenciária)**: sob o art. 22 da Lei 8212/91, pode ser chamado de "INSS da empresa";
- **ICMS: é o** Imposto sobre Operações Relativas à Circulação de Mercadorias e Sobre Prestações de Serviços de Transporte Interestadual e Intermunicipal e de Comunicação; e
- **ISS:** é o Imposto Sobre Serviços de Qualquer Natureza.

A inclusão no Simples Nacional dispensa a pessoa jurídica do pagamento das demais contribuições da União (SESC, SESI, SENAI, SENAC, SEBRAE, Salário Educação e Contribuição Sindical Patronal). O recolhimento mensal unificado dos tributos acima mencionados não exclui a incidência dos seguintes tributos, caso a empresa seja contribuinte, seguindo a legislação aplicada às pessoas jurídicas:

- **IOF**: imposto sobre operações de crédito e financeiras, câmbio, seguro e valores mobiliários;
- **II**: imposto sobre importação de produtos estrangeiros;
- **IE**: imposto sobre exportação de produtos nacionais ou nacionalizados;
- **IPTR**: imposto sobre propriedade territorial rural;
- **IR**: Imposto de Renda relativo aos pagamentos ou créditos efetuados pela pessoa jurídica e aos rendimentos ou ganhos líquidos auferidos em aplicações de renda fixa ou variável e relativo aos ganhos de capital obtidos na alienação de ativos;

- **IRRF**: Imposto de Renda Retido na Fonte de pagamentos a pessoas físicas;
- **CPMF**: contribuição provisória sobre a movimentação financeira (se voltar a vigorar);
- **FGTS**: contribuição para o fundo de garantia do tempo de serviço;
- **CPP (Contribuição Patronal Previdenciária)**: seguridade social relativa ao empregado e a do próprio empresário — parte do trabalhador que é descontada dos rendimentos mensais;
- **ICMS e ISS** devidos; e
- Demais tributos de todas as competências, não relacionados acima.

Não se enquadram no tratamento diferenciado do SIMPLES NACIONAL as pessoas jurídicas que:

- Cujo capital participe outra pessoa jurídica;
- Seja filial, sucursal, agência ou representação, no País, de pessoa jurídica com sede no exterior;
- Cujo capital participe pessoa física que seja empresário ou seja sócio de outra empresa que receba tratamento jurídico diferenciado e que a receita bruta global ultrapasse o limite estipulado nesta lei;
- Cujo titular ou sócio participe com mais de 10% do capital de outra empresa não beneficiada por esta lei e que a receita bruta global ultrapasse o limite estipulado;
- Cujo sócio ou titular seja administrador ou equiparado de outra pessoa jurídica com fins lucrativos, e que a receita bruta global ultrapasse o limite estipulado;
- Constituída sob a forma de cooperativas, salvo as de consumo;
- Participe do capital de outra pessoa jurídica;
- Exerça atividade de banco comercial, de investimentos e de desenvolvimento, de caixa econômica, de sociedade de crédito, financiamento e investimento ou de crédito imobiliário, de corretora ou de distribuidora de títulos, valores mobiliários

e câmbio, de empresa de arrendamento mercantil, de seguros privados e de capitalização ou de previdência complementar;
- Seja resultante ou remanescente de cisão ou qualquer outra forma de desmembramento de pessoa jurídica que tenha ocorrido em um dos 5 últimos anos;
- Seja constituída sob a forma de sociedade por ações; e
- Cujos titulares ou sócios guardem, cumulativamente, com o contratante do serviço, relação de pessoalidade, subordinação e habitualidade.

5.2.2.1 Opção pelo Simples Nacional

Se a empresa já estiver em funcionamento, a adesão ao Simples Nacional pode ser feita por alteração cadastral no CNPJ da Receita Federal, prestando informações quanto aos impostos dos quais é contribuinte (IPI, ICMS ou ISS) e fazendo enquadramento como ME ou EPP, conforme seu faturamento. Se a empresa estiver em processo de constituição poderá formalizar a opção juntamente com o arquivamento de seus atos constitutivos, utilizando a FCPJ (Ficha Cadastral de Pessoa Jurídica), na Junta Comercial, no caso de firma individual ou sociedade mercantil ou no Cartório do Registro Civil das Pessoas Jurídicas onde se acharem arquivados os atos constitutivos, no caso de Sociedade Civil.

Identificação Como Optante: o estabelecimento enquadrado como ME ou EPP, que antes tinha a obrigação de manter em local visível ao público placa indicativa da sua condição de inscrição no Simples, como ME ou EPP, e adotar em seguida à sua denominação ou firma, a expressão "Microempresa", ou "Empresa de Pequeno Porte" ou abreviadamente ME ou EPP, deixou de ter esta obrigação com a revogação do art. 72 da LC 123/2006 pela LC 155/2016. Portanto, a partir do dia 01/01/2018, quando entrou em vigor a LC 155/2016, o Sistema de Registro do Comércio deixou de acrescentar a partícula ME ou EPP ao nome da empresa nos casos de enquadramento e reenquadramento, como também nos casos de alteração de nome.

Aproveitamento de Créditos: as pessoas Jurídicas não inscritas no Simples Nacional poderão aproveitar créditos de ICMS e IPI nas aquisições para consumo intermediário efetuadas junto às empresas optantes pelo Simples Nacional, desde que estas destaquem na Nota Fiscal a alíquota correspondente ao ICMS e ao IPI incluso na sua alíquota de contribuição conforme percentuais de incidência destes impostos, constantes nas tabelas de incidência determinadas pela lei.

Pagamento: o pagamento do Simples Nacional será mensal, feito em DARF (Documento de Arrecadação de Receitas Federais) único, até o último dia útil da 1ª quinzena do mês subsequente à aferição da receita.

Declaração anual: é obrigatória às empresas inscritas no sistema a declaração anual simplificada até o último dia útil do mês de maio do ano subsequente.

Vedações à opção: o texto legal define as empresas que não estão incluídas como possíveis beneficiárias, de acordo com Art. 17 da LC 123/2006 e alterações posteriores.

Exclusão e Reinclusão do Simples: se, por algum motivo, a empresa perder a condição de inclusão no Simples Nacional, isso deverá ser comunicado à Receita Federal pela própria entidade, mediante solicitação de alteração cadastral. Normalmente, essa situação ocorre quando são ultrapassados os limites de receita bruta ou quando ocorrer qualquer uma das situações de exclusão, ou ainda, de ofício pela autoridade tributária, conforme previsto em lei.

Repasse dos Valores Arrecadados pelo Simples Nacional: as novas tabelas de incidência do imposto, conforme LC 155/2016, trazem junto com cada uma das tabelas a distribuição dos valores arrecadados, contemplando Municípios, Estados, Distrito Federal e a própria União.

Repercussão dos novos limites de incidência para ICMS e ISS: os novos limites de incidência, que têm o máximo fixado em R$ 4.800.000,00, não atingem o ICMS (Imposto de Circulação Sobre Mercadorias e Serviços), de competência estadual e o ISS (Imposto Sobre Serviços), de competência municipal. A partir de R$ 3,6 milhões o ICMS e o ISS, que é o limite anterior à vigência da LC 155/2016 (01/01/2018), deverão ser calculados e pagos de acordo com as regras normais determinadas pela legislação em sua localidade, sendo pagos em guia própria.

Observação: As tabelas e forma de cálculo dos valores a recolher mensalmente serão tratadas mais adiante, no Capítulo 10, juntamente com outras formas possíveis de tributação para as Micro e Pequenas Empresas no tópico Aspectos Gerais da Forma de Tributação das PMES.

6
A Contabilidade nas Pequenas e Médias Empresas

6.1 A Importância da Contabilidade para as Pequenas e Médias Empresas

É fato marcante no Brasil o alto índice de mortalidade das Micro e Pequenas Empresas em seus primeiros anos de vida, e isso muito se deve à falta de preparo de seus administradores/empreendedores. É notória a falta de conhecimentos contábeis dessas pessoas, conhecimentos esses que poderiam auxiliar na tomada de decisões.

É muito difícil em economias emergentes, como é o caso do Brasil, manter-se na enorme competitividade do mercado pois a todo momento surgem novos empreendimentos que concorrem entre si. Isso se deve também às constantes crises que geram desemprego e forçam cada vez mais pessoas sem o devido preparo a tentarem a sorte como empreendedores. O problema é que empreender não depende apenas da sorte, pelo contrário, depende basicamente do preparo e conhecimento dos pretensos empreendedores.

É fundamental ao futuro empreendedor que se decida por criar uma empresa, que tome a decisão de legalizá-la desde seu nascimento e aí deve entrar em cena um bom profissional de contabilidade e, é claro, planejamento adequado, a exemplo do que já foi tratado no Capítulo 3 – Planejamento da Constituição de uma Sociedade Comercial.

O contador, por sua formação, tem a capacidade de despertar no empreendedor que o contrata habilidades para gerenciar seus negócios e cria com ele laços estreitos de confiança para a tomada de decisões a partir dos relatórios que produzirá no seu trabalho, sempre voltados para a gestão da empresa com coerência e racionalidade, baseado nos números efetivos da evolução dos negócios.

A contabilidade produzirá elementos essenciais para as decisões empresariais, avaliando a evolução do patrimônio, apontando tendências do mercado que os números indicam e com isso fornecendo subsídios consistentes para o planejamento das atividades futuras, eventuais correções de rumo, mudança de objetivos e de estratégias. O empreendedor que entender isso e buscar a contabilidade não apenas como uma obrigação legal necessária, mas como necessidade gerencial, certamente estará um passo à frente de sua concorrência que não tiver o mesmo entendimento. E aí fica notória também a enorme responsabilidade do profissional de contabilidade em estar bem preparado e poder atender às expectativas desses empreendedores que buscarem essa fundamental ferramenta de gestão. A contribuição da contabilidade se dará por diversas formas, a começar pela escrituração das operações e montagem das demonstrações contábeis e sua correta análise. Em nível um pouco mais avançado pela auditoria e perícia, conforme necessidade e tamanho da empresa.

Considerando que o contador tem sua contratação obrigatória imposta por lei aos empresários, constituindo essa exigência em verdadeira reserva de mercado para o profissional de contabilidade, a contrapartida preconizada é que seu trabalho seja extremamente ético, estritamente realizado dentro das normas da profissão e da legislação e evitando fraudes em seu trabalho, mesmo a pedido de quem o contratou.

Estas questões envolvendo a Ética da profissão contábil e aspectos normativos da atividade estão profundamente analisados em outra obra do mesmo Autor (Ética e Legislação Profissional – Para Contadores de Nível Superior, Editora Appris, 2019).

Um engano muitas vezes cometido pelos empresários menos experientes e em início de atividades é subestimar a utilização de um bom profissional ou escritório de contabilidade porque a legislação do Simples Nacional traz textualmente que a contabilidade para quem aderir é simplificada dando a falsa ideia de que é dispensada a presença de um bom profissional de contabilidade, e que basta cumprir algumas formalidades legais que qualquer escritório ou profissional possa executar.

Basta o empresário necessitar contratar apenas um empregado para as dificuldades já começarem a aparecer e atrapalhar a vida do empreendedor, pois as exigências da legislação trabalhista demandam muita atenção e cuidados para não incorrer em erros que poderão futuramente redundar em reclamatória trabalhista cujo custo poderá levar à "morte" prematura do empreendimento. Da mesma forma se o empreendedor, mesmo sendo de porte pequeno, resolver participar de alguma licitação pública ou se ver na iminência de romper os limites do faturamento de enquadramento no Simples Nacional, poderá ver-se em sérias dificuldades se não for assessorado por um bom profissional da contabilidade. O contador sempre vai ser, além do responsável pela contabilização das operações e das apropriações mensais e apurações das guias de pagamento dos tributos, um consultor que, graças ao seu preparo, estará sempre ao lado do empresário para auxiliá-lo nas decisões gerenciais.

Dessa forma, conclui-se que contabilidade é de extrema relevância para todos os portes de empresas, pequena, média, grande e até mesmo na condição de MEI e não deve ser levada em conta somente a necessidade fiscal (apuração e emissão de guias de pagamento de impostos, Guia do Simples Nacional e demais tributos que a empresa esteja sujeita) mas também o estudo da melhor forma de tributação para a empresa dentre as alternativas ofertadas pela legislação, e com isso auxiliar o empresário a estabelecer o planejamento tributário mais vantajoso para a atividade, exercendo na prática, juntamente com quem o contratou a contabilidade gerencial, assessorando-o na gestão empresarial do negócio.

6.2 A Obrigatoriedade da Contabilidade para as Pequenas e Médias Empresas

O Código Civil estabelece em seu artigo 1.179 a obrigatoriedade para todas as empresas de seguir um sistema de contabilidade, mecanizado ou não, com base na escrituração uniforme de seus livros, em correspondência com a documentação respectiva, e a levantar anualmente o balanço patrimonial e o de resultado econômico. Essas demonstrações devem estar sempre à disposição das eventuais fiscalizações de tributos e das fiscalizações dos próprios Conselhos Regionais de Contabilidade.

Exceção: essa obrigatoriedade de manter contabilidade formal, ainda que simplificada, não atinge o pequeno empresário (MEI) conforme definição do artigo 68 da Lei Complementar 123/2006 e conforme estipulado no Art. 970 do Código Civil: "A lei assegurará tratamento favorecido, diferenciado e simplificado ao empresário rural e ao pequeno empresário, quanto à inscrição e aos efeitos daí decorrentes." e Art. 1.179 § 2º: "É dispensado das exigências deste artigo o pequeno empresário a que se refere o art. 970".

Com os avanços da tecnologia estamos entrando em nova era no Brasil em que já, para muitas empresas, se torna obrigatório a ECD (Escrituração Contábil Digital)[6], inclusive para as empresas optantes pelo Simples Nacional que receberem aporte de investidor-anjo.

Cada vez mais o fisco, nas suas esferas de competência, faz uso da tecnologia para manter controle fiscal e assegurar-se da veracidade da apuração dos vários tributos que compõem o erário Municipal, Estadual e Federal. Com esse espírito surgiu a Lei Federal 11.638/2007 que em seu Art. 3º determinou que as Sociedades Empresárias Limitadas e as Cooperativas consideradas como de grande porte, empresas com ativo total superior a R$ 240.000.000,00 ou receita bruta anual superior a R$ 300.000.000,00 passem a ter

---

[6] A ECD – Escrituração Contábil Digital será abordada mais adiante no Capítulo 11.

obrigatoriedade de publicar seus balanços, assim como as Sociedades Anônimas de Capital Aberto já o fazem há longo tempo em função da Lei das S/A 6.404/1976 – Art. 289.

Foi emitida pelo Governo Federal do Brasil a Medida Provisória 892/2019 alterando o Art. 289 da Lei 6404/1976, determinando que as publicações que até então tinham a obrigação de serem feitas em jornais de grande circulação, gerando grandes custos para as empresas, passem a serem feitas, sem qualquer custo, no site da CVM (Comissão de valores Mobiliários) e no site da própria empresa. Esta determinação não se restringe aos balanços e abrange todas as publicações a que as empresas estavam obrigadas a fazer. É um tema que vai gerar polêmica no Congresso Nacional pois afeta diretamente o faturamento de jornais impressos. Regulamentando esta matéria, o Ministério da Economia emitiu a Portaria N° 529 de 26/09/2019, dispondo sobre a publicação e divulgação dos atos das companhias fechadas, ordenadas pela Lei n° 6.404, de 15/12/1976 na Central de Balanços (CB) do Sistema Público de Escrituração digital (SPED – ler Capítulo 11 adiante), com início de funcionamento em 14/10/2019. Como a MP 892/2019 se encontra em tramitação no Congresso Nacional, é necessário aguardar este período legal de tramitação e validação da MP 892 e sua consequente transformação em lei ou não, porem seus efeitos legais já estão vigorando. Recomenda-se aos leitores acompanhar a evolução deste assunto pela imprensa.

E seguindo nesse objetivo fiscal, até mesmo as empresas vinculadas ao Simples Nacional, ainda que de forma simplificada, necessitam manter em boa ordem e guarda, enquanto não ocorrer a prescrição, Livro-Caixa (com toda a movimentação financeira, inclusive bancária), Livro Registro de Inventário (com registro dos estoques existentes no término de cada ano e todos os documentos que serviram de base para escrituração destes livros). As ME e EPP precisam ainda cumprir as obrigações acessórias previstas na legislação previdenciária e trabalhista (anotações na CTPS, apresentação da RAIS, registro e recolhimento de FGTS, etc.).

Portanto, como se observa, a obrigatoriedade da contabilidade é notória, em maior ou menor grau, e todas as empresas necessitam cumprir e somente o contador ou empresa de prestação de serviços contábeis podem suprir essa obrigatoriedade, em função das prerrogativas profissionais dos contadores determinadas pelo Decreto Lei 9.295/46, que regulamenta a profissão contábil no Brasil e há pouco tempo alterado pela Lei Federal 12.249 – 11/06/2010.

6.2.1 Modelos Contábeis Existentes no Brasil

A adoção no Brasil das normas internacionais de contabilidade IFRS (International Financial Reporting Standards), com sua introdução iniciada pela Lei Federal 11.638/2007, impactou de forma considerável a qualidade da informação contábil para os vários públicos que se utilizam dessa informação. A principal inovação trazida por esse processo de convergência às normas internacionais é que a prática contábil brasileira passa a estar muito mais baseada na interpretação dos pronunciamentos do Comitê de Pronunciamentos Contábeis (CPC), criado pela Resolução CFC nº 1.055/2005, do que na mera aplicação de regras nacionais, como no passado recente. Isso traz implicações relevantes para a qualidade da informação contábil para o profissional da contabilidade, para outros profissionais que utilizam essa informação, para investidores e analistas do mercado financeiro e para outros interessados.

Bastante envolvido com o tema, O CFC (Conselho federal de Contabilidade) editou e publicou a **NBC TG 1000 R1** (R1 = 1ª alteração normativa determinada na própria norma após sua publicação) que introduziu novos conceitos para a contabilidade para pequenas e médias empresas já em consonância com as Normas Internacionais de Contabilidade. Cabe ressaltar que o CFC procura trazer determinações para fins gerais. As demonstrações contábeis para fins gerais são dirigidas às necessidades comuns de vasta gama de usuários externos à entidade, por exemplo, sócios, acionistas, credores, empregados e o público em geral. Já as pequenas e médias empresas não têm a mesma necessidade pois seu universo é composto por sociedades fechadas

e sociedades que não sejam requeridas a fazer prestação pública de suas contas por isso o CFC estruturou esta norma direcionada para a contabilidade das pequenas e médias Empresas, com características específicas voltadas para este importante segmento da economia brasileira. Assim, segundo a normatização contábil, estes são os Modelos Contábeis que devem ser seguidos no Brasil:
Devido a sua importância para as PMEs recomenda-se a leitura na íntegra da NBC TG 1000 R1.

Quadro 3

Modelos Contábeis no Brasil

Tipo de Empresa	EM CONFORMIDADE COM A LEGISLAÇÃO CONTÁBIL		
	Definição	Modelo Contábil	Vigência
Microempresas e Empresas de Pequeno Porte	O empresário, o empresário individual, o empresário individual de responsabilidade limitada, a sociedade limitada e a sociedade simples ou empresária que obteve faturamento no ano anterior dentro dos limites do SIMPLES NACIONAL	SIMPLIFICADO ITG 1000 Res CFC nº 1418/12	A partir do exercício findo em 31/12/2012
Pequenas e Médias Empresas	PMEs – Sociedades fechadas (obrigatoriamente, sociedades que não sejam requeridas a fazer prestação pública de suas contas (normalmente) e sociedades que elaboram documentos para fins gerais	RESUMIDO Pronunciamento Técnico PME Contabilidade para pequenas e médias empresas NBC TG 1000 R1 Res CFC 1255/09, 1285/10 e 1319/10	A partir do exercício findo em 31/12/2010
Grandes Empresas	Demais empresas Companhias abertas reguladas pela CVM Sociedades de grande porte (de acordo com a Lei 113638/07); sociedades reguladas pelo BACEN, SUSEP e outras cuja prática contábil seja determinada por órgão regulador	COMPLETO Conjunto completo dos Pronunciamentos	A partir do exercício findo em 31/12/2010

Fonte: elaborado pelo Autor

Cabe rápido esclarecimento sobre as siglas de uso mais comum utilizadas pelo CFC na divulgação de suas normas.

NBC TG (Norma Brasileira de Contabilidade Técnica Geral): precedem números de normas técnicas de caráter geral para orientação de todos os profissionais de contabilidade.

NBC PG (Norma Brasileira de Contabilidade Profissional Geral: precedem números de normas profissionais de caráter geral para orientação de todos os profissionais de contabilidade.

ITG (Interpretação Técnica Geral): precedem números de interpretações técnicas emitidas pelo CFC no sentido de esclarecer mais profundamente determinadas normas, como é o caso da ITG 1000, específica para determinar e explicar detalhadamente o modelo contábil a ser seguido pelas pequenas e médias empresas que aderiram ao Simples Nacional.

Estes Modelos Contábeis requerem as seguintes Demonstrações Contábeis ao final de cada período:

Modelo Completo: utilizado pelas grandes empresas, que utilizam o sistema de apuração de impostos pelo Lucro Real.

- Balanço patrimonial ao final do período;
- Demonstração do resultado do período de divulgação;
- Demonstração do resultado abrangente do período de divulgação;
- Demonstração das mutações do patrimônio líquido para o período de divulgação;
- Demonstração dos fluxos de caixa para o período de divulgação;
- Demonstração do valor adicionado conforme orientação da NBC TG 09 e atendendo ao disposto pela NBCTG26, caso exigido por lei ou órgão regulamentador; e
- Notas explicativas, compreendendo o resumo das políticas contábeis significativas e outras informações explanatórias.

Resultado Abrangente é obtido pela soma ao Resultado Líquido do Período conforme acima dos seguintes itens:

- Ganhos e perdas provenientes da conversão de demonstrações contábeis de operação no exterior;
- Ganhos e perdas atuariais;
- Mudanças nos valores justos de instrumentos de hedge[7]; e

---

[7] Hedge, é uma forma de proteger determinada aplicação contra as oscilações do mercado. Na prática, ele propicia um risco menor para o investidor. Fazer um hedge significa

- Mudanças dos ganhos de reavaliação para imobilizado mensuradas de acordo com o método de reavaliação, se permitida por lei.

Modelo resumido – com base na NBC TG 1000 R1: utilizado pelas pequenas e médias empresas (sociedades fechadas) que não precisam fazer prestação pública de suas atividades; são empresas que elaboram Demonstrações Contábeis para fins gerais.

Balanço patrimonial ao final do período;
Demonstração do resultado do período de divulgação;
Demonstração do resultado abrangente do período de divulgação;
Demonstração das mutações do patrimônio líquido para o período de divulgação;
Demonstração dos fluxos de caixa para o período de divulgação;

Notas explicativas, compreendendo o resumo das políticas contábeis significativas e outras informações explanatórias.

Modelo simplificado – com base na ITG 1000: esse é o modelo que deve ser utilizado pelas empresas inscritas no Simples Nacional, Microempresas e Empresas de Pequeno porte:

- Balanço patrimonial ao final do período;
- Demonstração do resultado do período de divulgação; e
- Notas explicativas, compreendendo o resumo das políticas contábeis significativas e outras informações explanatórias.

---

assumir uma posição de risco, assim, existe a possibilidade de não se ganhar com essa aplicação. O objetivo maior do hedge é o de "proteção". Portanto, o hedge nada mais é do que uma estratégia para diminuir riscos. Um exemplo prático é o de uma pessoa jurídica que tomou empréstimos em dólar e passou a ter dívidas nessa moeda. Com o objetivo de se garantir de eventual alta do dólar, a empresa devedora pode adquirir um contrato de dólar futuro. Com isso, ela estará se protegendo, pois, quando necessitar, poderá comprar determinada quantia de dólares à cotação determinada. Como o valor do dólar varia muito, se a referida moeda ultrapassar a cotação fixada, a empresa estará protegida, pois adquiriu o direito de comprar a moeda a um preço mais baixo.

6.3 Entendimento do que vem a ser Pequenas e Médias Empresas para o CFC

- São empresas que não têm obrigação pública de prestação de contas;
- São empresas que elaboram demonstrações contábeis para proprietários que não estão envolvidos na administração do negócio, credores existentes e potenciais e entidades de avaliação de crédito, inclusive bancos e financeiras; e
- Incluem-se nesse entendimento até as S/As de Capital Fechado, mesmo que obrigadas à publicação de suas demonstrações contábeis, desde que não enquadradas pela Lei 11.638/07 como sociedades de grande porte.

6.4 Conceitos Elementares para Compreensão da Norma NBC TG 1000 R1

Considerando que a NBC TG 1000 R1 é a base para a elaboração da contabilidade das pequenas e médias empresas, é importante conhecer seus principais conceitos para que suas determinações sejam perfeitamente compreendidas.

Balanço patrimonial: relação de seus ativos, passivos e patrimônio líquido em uma data específica.

Ativo: recurso controlado pela entidade como resultado de eventos passados e do qual se espera que benefícios econômicos futuros fluam para a entidade.

Passivo: obrigação atual da entidade como resultado de eventos já ocorridos, cuja liquidação se espera resulte na saída de recursos econômicos.

Patrimônio líquido: valor resultante dos ativos da entidade após a dedução de todos os seus passivos.

Desempenho/Resultado: relação entre receitas e despesas da entidade durante um exercício ou período, manifestado pelo Demonstrativo de Resultado do Exercício.

Receitas: aumentos de benefícios econômicos durante o período contábil, sob a forma de entradas ou aumentos de ativos ou diminuições de passivos, que resultam em aumento do patrimônio líquido e que não sejam provenientes de aportes dos proprietários da entidade. Aqui se enquadram as vendas, honorários, juros, dividendos, lucros distribuídos auferidos pela entidade, royalties e aluguéis.

Despesas: decréscimos nos benefícios econômicos durante o período contábil, sob a forma de saída de recursos ou redução de ativos ou incrementos em passivos, que resultam em decréscimos no patrimônio líquido e que não sejam provenientes de distribuição aos proprietários da entidade. São as perdas que a entidade sofre no curso das suas atividades ordinárias. É uma redução do patrimônio líquido, como custo das vendas, salários e depreciação. São desembolsos ou redução de ativos como caixa e equivalentes de caixa, estoques, ou bens do ativo imobilizado.

Resultado: é a diferença aritmética entre todas as receitas e todas as despesas.

Equivalentes de caixa: são aplicações financeiras de curto prazo, de alta liquidez, para atender a compromissos de caixa de curto prazo e não para investimento ou outros fins. Portanto, um investimento normalmente qualifica-se como equivalente de caixa apenas quando possui vencimento de curto prazo, de cerca de três meses ou menos da data de aquisição. Saldos bancários a descoberto decorrentes de empréstimos obtidos por meio de instrumentos como cheques especiais ou contas correntes são geralmente considerados como atividades de financiamento similares aos empréstimos. Entretanto, se eles são exigíveis contra apresentação e formam uma parte integral da administração do caixa da entidade, devem ser considerados como componentes do caixa e equivalentes de caixa.

6.4.1 Mensuração de Ativo, Passivo, Receita e Despesa

Mensuração é a forma pela qual a entidade quantifica ativos, passivos, receitas e despesas em suas demonstrações contábeis. Duas bases são aceitas por esta norma, o custo histórico e valor justo.

Para ativos: o custo histórico representa a quantidade de caixa ou equivalentes de caixa paga ou o valor justo do ativo dado para adquirir o ativo quando de sua aquisição.

Para passivos: o custo histórico representa a quantidade de recursos obtidos em caixa ou equivalentes de caixa recebidos ou o valor justo dos ativos não monetários recebidos em troca da obrigação na ocasião em que a obrigação foi incorrida, ou em algumas circunstâncias (por exemplo, imposto de renda) a quantidade de caixa ou equivalentes de caixa que se espera sejam pagos para liquidar um passivo no curso normal dos negócios.

Valor justo: montante pelo qual um ativo poderia ser trocado, ou um passivo liquidado, entre partes independentes com conhecimento do negócio e interesse em realizá-lo, em uma transação em que não há favorecidos.

6.5 Demonstrações Contábeis: Modelo Completo

Embora não haja necessidade normativa nem legal para a utilização do Modelo Completo das Demonstrações Contábeis para as pequenas e médias empresas, é importante conhecer este modelo e sua abrangência.

As demonstrações contábeis devem representar apropriadamente a posição patrimonial e financeira (balanço patrimonial), o desempenho (demonstração do resultado e demonstração do resultado abrangente) e os fluxos de caixa da entidade. Este conjunto completo de demonstrações contábeis, inclusive com as informações comparativas relativamente ao período anterior deve ser feito pelo menos anualmente. O conteúdo das demonstrações que este modelo deve fornecer já foram explicitados acima e são sete documentos contábeis a serem elaborados após análise de cada período.

6.5.1 Identificação das Demonstrações Contábeis

Cada demonstração contábil e respectivas notas explicativas devem ser adequadamente identificadas e ainda indicar claramente:

- Nome da entidade;
- Indicar se é individual ou referente a um grupo de entidades;
- Data de encerramento do período mensurado e o período coberto pelas demonstrações;
- A moeda utilizada e se houver conversão de moeda estrangeira explicar os critérios conforme norma;
- O nível de arredondamento de valores, caso tenha sido utilizado; e
- Nas Notas Explicativas informar domicílio e forma jurídica, país de registro, endereço do escritório central ou principal local de operação, se diferente do escritório central e descrição da natureza das operações da entidade e de suas principais atividades.

6.6 Descrição das Demonstrações Contábeis

Uma vez identificados os conceitos elementares e o conteúdo das Demonstrações Contábeis, a seguir o conteúdo de cada grupo dessas demonstrações:

6.6.1 Balanço Patrimonial

6.6.1.1 Ativo

- Caixa e equivalentes de caixa;
- Contas a receber e outros recebíveis;
- Ativos financeiros, exceto os mencionados nos itens 1, 2, 11 e 12;
- Estoques;
- Ativo imobilizado;
- Propriedade para investimento mensurada ao custo menos depreciação acumulada e perda acumulada por redução ao valor recuperável; (Incluído pela NBC TG 1000 [R1]);
- Propriedade para investimento, mensurada pelo valor justo por meio do resultado;
- Ativos intangíveis;
- Ativos biológicos, mensurados pelo custo menos depreciação acumulada e perdas por desvalorização;

- Ativos biológicos, mensurados pelo valor justo por meio do resultado;
- Investimentos em coligadas. No caso do balanço individual ou separado, também os investimentos em controladas; e
- Investimentos em empreendimentos controlados em conjunto.

6.6.1.2 Passivo

- Fornecedores e outras contas a pagar;
- Passivos financeiros, exceto os mencionados nos itens 1 e 5;
- Passivos e ativos relativos a tributos correntes;
- Tributos diferidos ativos e passivos (devem sempre ser classificados como não circulantes);
- Provisões;
- Participação de não controladores, apresentada no grupo do patrimônio líquido, mas separadamente do patrimônio líquido atribuído aos proprietários da entidade controladora; e
- Patrimônio líquido pertencente aos proprietários da entidade controladora.

A entidade deve apresentar contas adicionais, cabeçalhos e subtotais no balanço patrimonial sempre que forem relevantes para o entendimento da posição patrimonial e financeira da entidade.

6.6.2 Distinção Entre Circulante e Não Circulante

A entidade deve apresentar ativos circulantes e não circulantes, e passivos circulantes e não circulantes, como grupos de contas separados no balanço patrimonial, exceto quando uma apresentação baseada na liquidez proporcionar informação confiável e mais relevante. Nesse caso, todos os ativos e passivos devem ser apresentados por ordem de liquidez (ascendente ou descendente), obedecida a legislação vigente.

Ativo circulante: o ativo deve ser classificado pela entidade como circulante quando:

- Espera realizar o ativo, ou pretende vendê-lo ou consumi-lo durante o ciclo operacional normal da entidade;
- O ativo for mantido essencialmente com a finalidade de negociação;
- Espera realizar o ativo no período de até doze meses após a data das demonstrações contábeis; e
- O ativo for caixa ou equivalente de caixa, a menos que sua troca ou uso para liquidação de passivo seja restrita durante pelo menos doze meses após a data das demonstrações contábeis.

Todos os demais ativos deverão ser classificados como não circulantes. Quando o ciclo operacional normal da entidade não for claramente identificável, presume-se que sua duração seja de doze meses.

Passivo circulante: o passivo deve ser classificado pela entidade como circulante quando:

- Espera liquidar o passivo durante o ciclo operacional normal da entidade;
- O passivo for mantido essencialmente para a finalidade de negociação;
- O passivo for exigível no período de até doze meses após a data das demonstrações contábeis; e
- A entidade não tiver direito incondicional de diferir a liquidação do passivo durante pelo menos doze meses após a data de divulgação.

Todos os demais passivos deverão ser classificados como não circulantes.

6.7 Informações a Serem Apresentadas no Balanço Patrimonial ou em Notas Explicativas

- Ativo imobilizado, nas classificações apropriadas para a entidade;
- Contas a receber e outros recebíveis, demonstrando separadamente os valores relativos a partes relacionadas, valores devidos

por outras partes, e recebíveis gerados por receitas contabilizadas pela competência, mas ainda não faturadas;
- Estoques, demonstrando separadamente os valores dos tipos de estoques:
  o Mantidos para venda no curso normal dos negócios;
  o Que se encontram no processo produtivo para posterior venda;
  o Na forma de materiais ou bens de consumo que serão consumidos no processo produtivo ou na prestação de serviços;
- Fornecedores e outras contas a pagar, demonstrando separadamente os valores a pagar para fornecedores, valores a pagar a partes relacionadas, receita diferida, e encargos incorridos;
- Provisões para benefícios a empregados e outras provisões;
- Grupos do patrimônio líquido, como por exemplo, prêmio na emissão de ações, reservas, lucros ou prejuízos acumulados e outros itens que, conforme exigido por esta Norma, são reconhecidos como resultado abrangente e apresentados separadamente no patrimônio líquido.

A entidade que tenha seu capital representado por ações deve divulgar, no balanço patrimonial ou nas notas explicativas, as seguintes informações:

- Para cada classe de capital representado por ações:
  o Quantidade de ações autorizadas;
  o Quantidade de ações subscritas e totalmente integralizadas, e subscritas, mas não totalmente integralizadas;
  o Valor nominal por ação, ou que as ações não têm valor nominal;
  o Conciliação da quantidade de ações em circulação no início e no fim do período;
  o Conciliação da quantidade de ações em circulação no início e no fim do período;

- o Direitos, preferências e restrições associados a essas classes, incluindo restrições na distribuição de dividendos ou de lucros e no reembolso do capital;
- o Ações da entidade detidas pela própria entidade ou por controladas ou coligadas;
- o Ações reservadas para emissão em função de opções e contratos para a venda de ações, incluindo os termos e montantes;
• Descrição de cada reserva incluída no patrimônio líquido.

A entidade que não tenha o capital representado por ações, tal como uma sociedade de responsabilidade limitada deve divulgar informação equivalente à exigida no item anterior, evidenciando as alterações durante o período em cada categoria do patrimônio líquido, e os direitos, preferências e restrições associados com cada uma dessas categorias.

Se, na data de divulgação, a entidade tiver contrato de venda firme para alienação de ativos, ou grupo de ativos e passivos relevantes, a entidade deve divulgar as seguintes informações:

- Descrição do ativo ou grupo de ativos e passivos;
- Descrição dos fatos e circunstâncias da venda ou plano; e
- O valor contabilizado dos ativos ou, caso a alienação ou venda envolva um grupo de ativos e passivos, o valor contabilizado desses ativos e passivos.

6.8 Demonstração do Resultado

A demonstração do resultado deve apresentar, no mínimo, as contas a seguir enunciadas que apresentem valores, com o lucro líquido ou prejuízo como última linha.

- Receitas;
- Custo dos produtos, das mercadorias ou dos serviços vendidos;

- Lucro bruto;
- Despesas com vendas, gerais, administrativas e outras despesas e receitas operacionais;
- Parcela do resultado de investimento em coligadas;
- Resultado antes das receitas e despesas financeiras;
- Despesas e receitas financeiras;
- Resultado antes dos tributos sobre o lucro;
- Despesa com tributos sobre o lucro excluindo o tributo alocado nos itens 11 e 1 e 2;
- Resultado líquido das operações continuadas;
- Valor líquido dos seguintes itens:
    o Resultado líquido após tributos das operações descontinuadas;
    o Resultado após os tributos decorrente da mensuração ao valor justo menos despesas de venda ou na baixa dos ativos ou do grupo de ativos à disposição para venda que constituem a unidade operacional descontinuada;
    o Resultado após os tributos atribuíveis à redução ao valor recuperável, ou reversão de redução ao valor recuperável, dos ativos na operação descontinuada;
- Resultado líquido do período.

6.9 Demonstração das Mutações do Patrimônio Líquido e Demonstração de Lucros ou Prejuízos Acumulados

Nota: se as únicas alterações no patrimônio líquido durante os períodos para os quais as demonstrações contábeis são apresentadas derivarem do resultado, de distribuição de lucro, de correção de erros de períodos anteriores e de mudanças de políticas contábeis, a entidade pode apresentar uma única demonstração dos lucros ou prejuízos acumulados no lugar da demonstração do resultado abrangente e da demonstração das mutações do patrimônio líquido.

A demonstração das mutações do patrimônio líquido apresenta o resultado da entidade para um período contábil, outros resultados abrangentes para o período, os efeitos das mudanças de práticas contábeis, correção de erros reconhecidos no período, os valores investidos pelos sócios, os dividendos e outras distribuições para os sócios durante o período.

A demonstração dos lucros ou prejuízos acumulados apresenta o resultado da entidade e as alterações nos lucros ou prejuízos acumulados para o período de divulgação. Esta demonstração poderá substituir a demonstração das mutações do patrimônio líquido conforme nota na abertura do tópico. A demonstração de lucros ou prejuízos acumulados deverá conter:

- Lucros ou prejuízos acumulados no início do período contábil;
- Dividendos ou outras formas de lucro declarados e pagos ou a pagar durante o período;
- Ajustes nos lucros ou prejuízos acumulados em razão de correção de erros de períodos anteriores;
- Ajustes nos lucros ou prejuízos acumulados em razão de mudanças de práticas contábeis; e
- Lucros ou prejuízos acumulados no fim do período contábil.

6.10 Demonstração dos Fluxos de Caixa

A demonstração dos fluxos de caixa fornece informações acerca das alterações no caixa e equivalentes de caixa da entidade para um período contábil, evidenciando separadamente as mudanças nas atividades operacionais, nas atividades de investimento e nas atividades de financiamento.

A norma determina que o fluxo de caixa deve ser classificado distinguindo as **Atividades Operacionais, Atividades de Investimento** e **Atividades de Financiamento**.

Atividades operacionais: são as principais atividades geradoras de receita da entidade e se originam de transações e de outros eventos e condições que entram na apuração do resultado da entidade.

São exemplos:

- Recebimentos de caixa pela venda de mercadorias e pela prestação de serviços;
- Recebimentos de caixa decorrentes de royalties, honorários, comissões e outras receitas;
- Pagamentos de caixa a fornecedores de mercadorias e serviços;
- Pagamentos de caixa a empregados e derivados da relação empregatícia;
- Pagamentos ou restituição de tributos sobre o lucro, a menos que possam ser especificamente identificados com as atividades de financiamento ou de investimento; e
- Recebimentos e pagamentos de investimento, empréstimos e outros contratos mantidos com a finalidade de negociação, que são similares aos estoques adquiridos especificamente para revenda.

Observação: Algumas transações, como a venda de item do ativo imobilizado por entidade industrial, podem resultar em ganho ou perda que é incluído na apuração do resultado. Entretanto, os fluxos de caixa relativos a tais transações são fluxos de caixa provenientes de atividades de investimento.

Atividades de Investimento: aquisição ou alienação de ativos de longo prazo e outros investimentos não incluídos em equivalentes de caixa. São exemplos dessas atividades:

- Pagamentos de caixa para aquisição de ativo imobilizado (incluindo os ativos imobilizados construídos internamente), ativos intangíveis e outros ativos de longo prazo;
- Recebimentos de caixa resultantes da venda de ativo imobilizado, intangível e outros ativos de longo prazo;
- Pagamentos para aquisição de instrumentos de dívida ou patrimoniais de outras entidades e participações societárias em empreendimentos controlados em conjunto (exceto

desembolsos referentes a títulos considerados como equivalentes de caixa ou mantidos para negociação ou venda);
- Recebimentos de caixa resultantes da venda de instrumentos de dívida ou patrimoniais de outras entidades e participações societárias em empreendimentos controlados em conjunto (exceto recebimentos referentes a títulos considerados como equivalentes de caixa ou mantidos para negociação ou venda);
- Adiantamentos de caixa e empréstimos concedidos a terceiros;
- Recebimentos de caixa por liquidação de adiantamentos e amortização de empréstimos concedidos a terceiros;
- Pagamentos de caixa por contratos futuros, contratos a termo, contratos de opção e contratos de swap, exceto quando tais contratos forem mantidos para negociação ou venda, ou os pagamentos forem classificados como atividades de financiamento;
- Recebimentos de caixa derivados de contratos futuros, contratos a termo, contratos de opção e contratos de swap, exceto quando tais contratos forem mantidos para negociação ou venda, ou os recebimentos forem classificados como atividades de financiamento.

Atividades de Financiamento: atividades que resultam das alterações no tamanho e na composição do patrimônio líquido e dos empréstimos da entidade. São exemplos:

- Caixa recebido pela emissão de ações ou quotas ou outros instrumentos patrimoniais;
- Pagamentos de caixa a investidores para adquirir ou resgatar ações ou quotas da entidade;
- Caixa recebido pela emissão de debêntures, empréstimos, títulos de dívida, hipotecas e outros empréstimos de curto e longo prazos;
- Pagamentos para amortização de empréstimo; e
- Pagamentos de caixa por um arrendatário para redução do passivo relativo a arrendamento mercantil (leasing) financeiro.

6.10.1 Divulgação dos Fluxos de Caixa das Atividades Operacionais

O Fluxo de Caixa das Atividades Operacionais pode ser apresentado pelo Método Direto ou pelo Método Indireto.

Método Direto: divulgação das principais classes de recebimentos e pagamentos brutos de caixa. Tal informação pode ser obtida:

- Dos registros contábeis da entidade;
- Ajustando-se as vendas, os custos dos produtos e serviços vendidos e outros itens da demonstração do resultado e do resultado abrangente referentes a:
    - o Mudanças ocorridas nos estoques e nas contas operacionais a receber e a pagar durante o período;
    - o Outros itens que não envolvem caixa;
- Outros itens cujos efeitos no caixa sejam decorrentes dos fluxos de caixa de financiamento ou investimento.

É conveniente ao final apresentar a conciliação entre o resultado líquido do exercício e o fluxo de caixa das atividades operacionais.

Método Indireto: por esse método, o fluxo de caixa líquido das atividades operacionais é determinado ajustando-se o resultado quanto aos efeitos de:

- Mudanças ocorridas nos estoques e nas contas operacionais a receber e a pagar durante o período;
- Itens que não afetam o caixa, tais como depreciação, provisões, tributos diferidos, receitas (despesas) contabilizadas pela competência, mas ainda não recebidas (pagas), ganhos e perdas de variações cambiais não realizadas, lucros de coligadas e controladas não distribuídos, participação de não controladores; e
- Todos os outros itens cujos efeitos sobre o caixa sejam decorrentes das atividades de investimento ou de financiamento.

Divulgação dos fluxos de caixa das atividades de investimento e financiamento: a entidade deve apresentar separadamente as principais classes de recebimentos brutos e de pagamentos brutos decorrentes das atividades de investimento e de financiamento. Os fluxos de caixa agregados derivados da aquisição ou alienação de controladas ou outras unidades de negócios devem ser apresentados separadamente e classificados como atividades de investimento.

Quando houver inclusão de dados em moeda estrangeira a conversão deverá ser feita utilizando a taxa cambial na data do fluxo de caixa.

6.11 Notas Explicativas

As notas explicativas devem trazer informações adicionais às apresentadas no balanço patrimonial, na demonstração do resultado, na demonstração do resultado abrangente, na demonstração dos lucros ou prejuízos acumulados (se apresentada), na demonstração das mutações do patrimônio líquido e na demonstração dos fluxos de caixa. As notas explicativas fornecem descrições narrativas e detalhes de itens apresentados nessas demonstrações e informações acerca de itens que não se qualificam para reconhecimento nessas demonstrações.

As notas explicativas devem:

- Apresentar informações acerca das bases de elaboração das demonstrações contábeis e das práticas contábeis específicas utilizadas;
- Divulgar as informações exigidas por esta Norma que não tenham sido apresentadas em outras partes das demonstrações contábeis; e
- Prover informações que não tenham sido apresentadas em outras partes das demonstrações contábeis, mas que sejam relevantes para compreendê-las.

Observação: Tratando-se de controladoras e controladas vide Seção 9 desta Norma que trata da consolidação das demonstrações contábeis.

7
Modelo Simplificado de Contabilidade

7.1 Modelo Contábil para Pequenas e Médias Empresas Conforme NBC TG 1000 Resolução CFC 1.418/12 que Aprovou a ITG 1000

O conteúdo desta Interpretação Técnica é específico para as pequenas e médias empresas, assim entendidas a sociedade simples, a empresa individual de responsabilidade limitada ou o empresário a que se refere o Art. 966[8] da Lei 10.406/02 (Código Civil Brasileiro), que tenha auferido, no ano calendário anterior, receita bruta anual até os limites previstos nos incisos I e II do Art. 3º da LC 123/06 atualizada pela LC 155/16 (Lei Complementar Federal Base do Simples Nacional).

As empresas optantes pelo Simples Nacional (ME e EPP) são dispensadas neste sistema de fazerem a escrituração comercial para fins fiscais, porem devem manter em boa ordem e guarda, enquanto não ocorrer a prescrição, os seguintes itens:

- Livro-caixa com toda a movimentação financeira, inclusive bancária;

---

[8] **Art. 966.** Considera-se empresário quem exerce profissionalmente atividade econômica organizada para a produção ou a circulação de bens ou de serviços.

- Livro Registro de Inventário com registro dos estoques existentes no término de cada ano;
- Todos os documentos que serviram de base para escrituração dos livros acima.

Embora o Sistema do SIMPLES mantenha apenas a obrigatoriedade. Destes 3 itens acima mencionados, essas entidades devem atender à obrigatoriedade de manter contabilidade em função do Código Civil art. 1.179 e também por ordem do CFC, seguindo as determinações desta ITG 1000, não somente para fins contábeis, mas também para fins gerenciais, pois é um excelente instrumento para tomada de decisões.

A ITG 1000 estipula determinações a serem seguidas na escrituração. Embora as normas que tratavam dos Princípios de Contabilidade tenham sido revogadas (RES CFC 750/93 e 1282/2010) a partir de 1º/1/2017 pela NBC Tsp Estrutura Conceitual, isso não significa que os Princípios Contábeis deixaram de existir, pois os princípios serão tratados em CPCs específicos, ou seja, foram diluídos em diversos Pronunciamentos Técnicos.

Criado pela Resolução CFC nº 1.055/05, o CPC (Comitê de Pronunciamentos Contábeis) tem como objetivo o estudo, o preparo e a emissão de Pronunciamentos Técnicos sobre procedimentos de Contabilidade e a divulgação de informações dessa natureza, para permitir a emissão de normas uniformizadas visando a convergência da Contabilidade Brasileira aos padrões internacionais. O teor dos Princípios de Contabilidade continuará sendo observado na escrituração, justificando que se faça breve revisão dos mesmos.

7.2 Princípio da Entidade

O objeto da Contabilidade é o Patrimônio e sua autonomia. O Patrimônio da Entidade não se confunde com aqueles dos seus sócios ou proprietários. O Patrimônio pertence à Entidade, mas a recíproca não é verdadeira.

7.3 Princípio da Continuidade

O Princípio da Continuidade pressupõe que a Entidade continuará em operação no futuro e, portanto, a mensuração e a apresentação dos componentes do patrimônio levam em conta esta circunstância.

7.4 Princípio da Oportunidade

O Princípio da Oportunidade refere-se ao processo de mensuração e apresentação dos componentes patrimoniais para produzir informações íntegras e tempestivas. A falta de integridade e tempestividade na produção e na divulgação da informação contábil pode ocasionar a perda de sua relevância, por isso é necessário ponderar a relação entre a oportunidade e a confiabilidade da informação.

7.5 Princípio do Registro pelo Valor Original

O Princípio do Registro pelo Valor Original determina que os componentes do patrimônio devem ser inicialmente registrados pelos valores originais das transações, expressos em moeda nacional. Sua alteração somente será possível mediante utilização das bases de mensuração ao longo do tempo (vide detalhamento na Resolução CFC 1282/10).

7.6 Princípio da Atualização Monetária

Revogado após Plano Real em 1994.

7.7 Princípio da Competência

O Princípio da Competência determina que os efeitos das transações e outros eventos sejam reconhecidos nos períodos a que se referem, independentemente do recebimento ou pagamento. Equivocadamente algumas empresas contabilizam suas atividades considerando apenas as despesas pagas e as receitas recebidas, sem considerar as despesas e custos efetivamente incorridos, bem como as receitas geradas. Este na verdade é o Regime de Caixa, que considera apenas as despesas e receitas efetivamente recebidas, procedimento contrário à boa técnica contábil e ao Princípio da Competência. O Regime de Competência é um Princípio Contábil que deve ser seguido para registro de qualquer alteração patrimonial, independentemente de sua natureza e origem. Assim, os fatos devem ser reconhecidos nas datas de efetiva ocorrência, independentemente de terem sido recebidos ou pagos.

7.8 Princípio da Prudência

O Princípio da Prudência determina a adoção do menor valor para os componentes do ativo e do maior para os do passivo, sempre que se apresentem alternativas igualmente válidas para a quantificação das mutações patrimoniais que alterem o patrimônio líquido. Pressupõe o emprego de certa precaução no julgamento às estimativas em certas condições de incerteza. Ativos e receitas não devem ser superestimados e passivos e despesas não devem ser subestimados. Esse procedimento atribui maior confiabilidade ao processo de mensuração e apresentação dos componentes patrimoniais e prima pela segurança do conservadorismo. É preferível adotar estas determinações conservadoras que se surpreender com situações nos quais valores ativos foram superestimados ou valores passivos subestimados e ocorrer exatamente o contrário, deixando a entidade em dificuldade para tomar decisões.

A ITG 1000 determina também a utilização do regime de competência para as receitas, as despesas e os custos do período e recomenda ao profissional da contabilidade manter contrato assinado com a entidade e obter da mesma a carta de responsabilidade conforme modelo sugerido em seu Anexo 1.

O Contrato e a Carta de Responsabilidade recomendados visam eximir o contador em eventuais problemas que ele possa encontrar na entidade e limitar sua responsabilidade aos objetivos contábeis a que se propõe, pois trata-se de uma declaração formal da empresa de que ela está fornecendo ao contador informações fidedignas para a confecção da contabilidade e suas demonstrações.

7.9 Carta de Responsabilidade da Administração

Modelo sugerido pela ITG 1000 – Anexo 1

Quadro 4

Modelo de Carta de Responsabilidade da Administração

Local e data
À EMPRESA DE SERVIÇOS CONTÁBEIS XYZ
(ou ao Contador Autônomo)
CRC n.º XX:
Endereço / Cidade e Estado CEP

Declaramos para os devidos fins, como administrador e responsável legal da empresa <<DENOMINAÇÃO SOCIAL>>, CNPJ xxxxxxx, que as informações relativas ao período base <<xx.xx.xx>>, fornecidas a Vossas Senhorias para escrituração e elaboração das demonstrações contábeis, obrigações acessórias, apuração de impostos e arquivos eletrônicos exigidos pela fiscalização federal, estadual, municipal, trabalhista e previdenciária são fidedignas.

Também declaramos:
que os controles internos adotados pela nossa empresa são de responsabilidade da administração e estão adequados ao tipo de atividade e volume de transações;
que não realizamos nenhum tipo de operação que possa ser considerada ilegal, frente à legislação vigente;
que todos os documentos que geramos e recebemos de nossos fornecedores estão revestidos de total idoneidade;
que os estoques registrados em conta própria foram por nós avaliados, contados e levantados fisicamente e perfazem a realidade do período encerrado em <<ANO BASE>>;
que as informações registradas no sistema de gestão e controle interno, denominado <<SISTEMA EM USO>>, são controladas e validadas com documentação suporte adequada, sendo de nossa inteira responsabilidade todo o conteúdo do banco de dados e arquivos eletrônicos gerados.
Além disso, declaramos que não temos conhecimento de quaisquer fatos ocorridos no período base que possam afetar as demonstrações contábeis ou que as afetam até a data desta carta ou, ainda, que possam afetar a continuidade das operações da empresa.
Também confirmamos que não houve:
fraude envolvendo administração ou empregados em cargos de responsabilidade ou confiança;

fraude envolvendo terceiros que poderiam ter efeito material nas demonstrações contábeis;

violação ou possíveis violações de leis, normas ou regulamentos cujos efeitos deveriam ser considerados para divulgação nas demonstrações contábeis, ou mesmo dar origem ao registro de provisão para contingências passivas.

Atenciosamente,

....
Administrador da Empresa ABC
Representante Legal

Fonte: ITG 1000 – Anexo 1

Observação: Cabe esclarecer que essa recomendação pode ser obtida alternativamente mediante a inserção, no "Termo de Encerramento" do Livro Diário registrado na Junta Comercial transcrevendo imediatamente acima da assinatura obrigatória do administrador ou do representante legal da ME ou da EPP uma declaração formal nos seguintes termos:

"A administração da empresa declara que possui controles internos necessários ao suporte e respaldo da escrituração contábil e das Demonstrações Contábeis anuais, não praticou atos contrários às normas e à legislação vigente aplicável, documentou todas as operações e transações realizadas pela empresa e as encaminhou para o profissional da contabilidade, visando aos devidos registros contábeis por meio de documentação hábil e idônea e forneceu toda a informação necessária para a adequada elaboração das demonstrações contábeis anuais e suas notas explicativas do exercício social findo em XX/XX/XXXX."

7.10 Outras Recomendações Importantes da ITG 1000

Devem ser observados ainda vários critérios e procedimentos contábeis (assuntos que serão tratados mais adiante neste livro) no tocante a mensuração dos estoques, dos bens do ativo imobilizado, depreciação, observância da perda por desvalorização acentuada ou por não recuperabilidade e não depreciação de terrenos. As receitas oriundas das vendas de produtos, mercadorias e serviços devem ser apresentadas líquidas dos tributos sobre produtos, mercadorias e serviços, bem como dos abatimentos e devoluções. A receita de prestação de serviço deve ser reconhecida na proporção em que o serviço for prestado.

Observar ainda a estimativa para perdas com créditos de liquidação duvidosa, se houver incerteza sobre o recebimento de valores de determinados clientes e contabilizar essa estimativa como conta retificadora da conta de valores a receber de clientes.

7.10.1 Demonstrações Contábeis

Obrigatório para as Pequenas e Médias Empresas inscritas no Simples Nacional conforme norma NBC TG 1000 R1 e ITG 1000 (Interpretação Técnica Geral) para as pequenas e médias empresas resolução CFC 1.418/12 que aprovou a ITG 1000.

Ao final de cada exercício social (ou período intermediário se necessário) devem ser elaborados:

- Balanço patrimonial;
- Demonstração do resultado; e
- Notas explicativas.

Observação: embora não sejam obrigatórias para as Pequenas e Médias Empresas (alvo desta ITG 1000), o CFC estimula que adotem, para efeitos gerenciais, a demonstração dos Fluxos de Caixa, a Demonstração do Resultado Abrangente e a Demonstração das Mutações do Patrimônio Líquido, conforme já tratado anteriormente no Capítulo 6 no tópico Informações a Serem Apresentadas no Balanço Patrimonial ou em Notas Explicativas.

As Demonstrações Contábeis devem ser identificadas, no mínimo, com a denominação da entidade, a data de encerramento do período de divulgação e o período coberto. Para os valores a serem apresentados, na 1.ª coluna os do período encerrado e na 2.ª coluna os valores do período anterior.

7.10.2 Balanço Patrimonial

Modelo sugerido pela ITG 1000 – Anexo 2

Quadro 4

Modelo Básico de Apresentação do Balanço Patrimonial

ATIVO	31.12.X1	31.12.X0	PASSIVO e PATRIMÔNIO LÍQUIDO	31.12.X1	31.12.X0
CIRCULANTE			**CIRCULANTE**		
Caixa e Equivalentes de Caixa			Fornecedores		
Contas a Receber			Empréstimos e Financiamentos		
Estoques			Obrigações Fiscais		
Outros Créditos			Obrigações Trabalhistas e Sociais		
			Contas a Pagar		
			Provisões		
NÃO CIRCULANTE			**NÃO CIRCULANTE**		
Realizável a Longo Prazo			Financiamentos		
Investimentos			Outras contas a pagar		
Imobilizado			**PATRIMÔNIO LÍQUIDO**		
Intangível			Capital Social		
(-) Depreciação e Amortização Acumuladas			Reservas de Capital		
			Reservas de Lucros		
			Lucros Acumulados		
			(-) Prejuízos Acumulados		
TOTAL			**TOTAL**		

Fonte: ITG 1000 – Anexo 2

7.10.3 Demonstração do Resultado

Modelo sugerido pela ITG 1000 – anexo 3

Quadro 5

Modelo Básico de Apresentação do Demonstrativo de Resultados

	31.12.x1	31.12.x0
VENDAS DE PRODUTOS, MERCADORIAS E SERVIÇOS		
Vendas de Produtos, Mercadorias e Serviços		
(-) Deduções de Tributos, Abatimentos e Devoluções		
= RECEITA		
(-) CUSTO DAS VENDAS		
Custo dos Produtos, Mercadorias e Serviços		
= LUCRO BRUTO		
(-) DESPESAS OPERACIONAIS		
Despesas Administrativas		
Despesas com Vendas		
Outras Despesas Gerais		
= RESULTADO OPERACIONAL ANTES DO RESULTADO FINANCEIRO		
(+/-) RESULTADO FINANCEIRO		
Receitas Financeiras		
(-) Despesas Financeiras		
(+/-) OUTRAS RECEITAS E DESPESAS OPERACIONAIS		
= RESULTADO ANTES DAS DESPESAS COM TRIBUTOS SOBRE O LUCRO		
(-) Despesa com Contribuição Social (*)		
(-) Despesa com Imposto de Renda da Pessoa Jurídica (*)		
= RESULTADO LÍQUIDO DO PERÍODO		

Fonte: ITG 1000 – Anexo 3

* As entidades que estão enquadradas no Simples Nacional devem evidenciar os tributos na linha "Deduções de Tributos, Abatimentos e Devoluções". Neste caso, devem desconsiderar essas contas de Contribuição Social e Imposto de Renda da Pessoa Jurídica.

Conteúdo das contas do Balanço Patrimonial: classificar tanto o Ativo como o Passivo como Circulante e Não Circulante conforme o prazo esperado para a realização ou exigibilidade, respectivamente, de até 12 meses a contar da data de encerramento do Balanço. Todos os demais Ativos ou Passivos devem ser classificados como Não Circulante.

No Balanço Patrimonial devem aparecer pelo menos os grupos de contas conforme Anexo 2 desta ITG 1000, assim como a Demonstração de Resultados, no Anexo 3 (vide modelos conforme Quadros 4 e 5). Outros itens podem ser acrescentados se tiverem relevância e materialidade.

Nas Notas Explicativas às Demonstrações Contábeis a ITG 1000 determina incluir declaração explícita e não reservada de conformidade com esta Interpretação, descrição resumida das operações da entidade e suas principais atividades, referência às principais práticas contábeis adotadas na elaboração das demonstrações contábeis, descrição resumida das políticas contábeis significativas utilizadas pela entidade, descrição resumida de contingências passivas, quando houver, e qualquer outra informação relevante para a adequada compreensão das demonstrações contábeis.

7.10.4 Plano de Contas Simplificado

Modelo sugerido pela ITG 1000 – anexo 4
Para a correta contabilização a entidade precisa elaborar Plano de Contas, ainda que simplificado, a exemplo do Anexo 4 da ITG 1000, considerando a espécie e natureza das operações realizadas, bem como deve contemplar as necessidades de controle de informações no que se refere aos aspectos fiscais e gerenciais. O Plano de Contas Simplificado, apresentado no Anexo 4 desta Interpretação, deve conter, no mínimo, 4 níveis, conforme exemplo a seguir.

Nível 1
Ativo
Passivo e Patrimônio Líquido
Receitas, Custos e Despesas (Contas de Resultado)

Nível 2
Ativo Circulante e Ativo Não Circulante
Passivo Circulante, Passivo Não Circulante e Patrimônio Líquido
Receitas de Venda, Outras Receitas Operacionais, Custos e Despesas Operacionais
Nível 3
Contas sintéticas que representam o somatório das contas analíticas que recebem os lançamentos contábeis, como, por exemplo, Caixa e Equivalentes de Caixa.
Nível 4
Contas analíticas que recebem os lançamentos contábeis, como, por exemplo, Bancos Conta Movimento.
Exemplo dos 4 níveis

- Nível 1 – Ativo
- Nível 2 – Ativo Circulante
- Nível 3 – Caixa e Equivalentes de Caixa
- Nível 4
    o Caixa
    o Bancos Conta Movimento

Quadro 6

Modelo do Plano de Contas Simplificado

Código	Descrição das Contas
1	ATIVO
1.1	ATIVO CIRCULANTE
1.1.1	Caixa e Equivalentes de Caixa
1.1.1.01	Caixa
1.1.1.02	Bancos Conta Movimento
1.1.2	Contas a Receber
1.1.2.01	Clientes
1.1.2.02	(-) Perdas Estimadas com Créditos de Liquidação Duvidosa

Código	Descrição das Contas
1.1.3	Estoque
1.1.3.01	Mercadorias
1.1.3.02	Produtos Acabados
1.1.3.03	Insumos
1.1.4	Outros Créditos
1.1.4.01	Títulos a Receber
1.1.4.02	Impostos a Recuperar
1.1.4.03	Outros Valores a Receber
1.3	ATIVO NÃO CIRCULANTE
1.3.1	Realizável a Longo Prazo
1.3.1.01	Contas a Receber
1.3.1.02	(-) Perdas Estimadas com Créditos de Liquidação Duvidosa
1.3.2	Investimentos
1.3.2.01	Participações Societárias
1.3.2.02	Outros Investimentos
1.3.3	Imobilizado
1.3.3.01	Terrenos
1.3.3.02	Edificações
1.3.3.03	Máquinas e Equipamentos
1.3.3.04	Veículos
1.3.3.05	Móveis e Utensílios
1.3.3.06	(-) Depreciação Acumulada
1.3.4	Intangível
1.3.4.01	*Softwares*
1.3.4.02	(-) Amortização Acumulada
2	PASSIVO E PATRIMÔNIO LÍQUIDO
2.1	PASSIVO CIRCULANTE
2.1.1	Fornecedores Nacionais
2.1.1.01	Fornecedor
2.1.2	Empréstimos e Financiamentos
2.1.2.01	Empréstimos Bancários
2.1.2.02	Financiamentos
2.1.3	Obrigações Fiscais
2.1.3.01	SIMPLES NACIONAL
2.1.3.02	ICMS a Recolher
2.1.3.03	ISSQN a Recolher

Modelo Simplificado de Contabilidade

Código	Descrição das Contas
2.1.4	Obrigações Trabalhistas e Sociais
2.1.4.01	Salários a Pagar
2.1.4.02	FGTS a Recolher
2.1.4.03	INSS dos Segurados a Recolher
2.1.5	Contas a Pagar
2.1.5.01	Telefone a Pagar
2.1.5.02	Energia a Pagar
2.1.5.03	Aluguel a Pagar
2.1.6	Provisões
2.1.6.01	Provisão de Férias
2.1.6.02	Provisão de 13º Salário
2.1.6.03	Provisão de Encargos Sociais sobre Férias e 13º Salário
2.2	PASSIVO NÃO CIRCULANTE
2.2.1	Financiamentos
2.2.1.01	Financiamentos Banco A
2.2.2	Outras Contas a Pagar
2.2.2.01	Empréstimos de Sócios
2.3	PATRIMÔNIO LÍQUIDO
2.3.1	Capital Social
2.3.1.01	Capital Subscrito
2.3.1.02	(-) Capital a Integralizar
2.3.2	Reservas
2.3.2.01	Reservas de Capital
2.3.2.02	Reservas de Lucros
2.3.3	Lucros/Prejuízos Acumulados
2.3.3.01	Lucros Acumulados
2.3.3.02	(-) Prejuízos Acumulados
3	RECEITAS, CUSTOS E DESPESAS (CONTAS DE RESULTADO)
3.1	RECEITAS
3.1.1	Receitas de Venda
3.1.1.01	Venda de Produtos
3.1.1.02	Venda de Mercadorias
3.1.1.03	Venda de Serviços
3.1.1.04	(-) Deduções de Tributos, Abatimentos e Devoluções

Código	Descrição das Contas
3.1.2	Receitas Financeiras
3.1.2.01	Receitas de Aplicações Financeiras
3.1.2.02	Juros Ativos
3.1.3	Outras Receitas Operacionais
3.1.3.01	Receitas de Venda de Imobilizado
3.1.3.02	Receitas de Venda de Investimentos
3.1.3.03	Outras Receitas
3.2	CUSTOS E DESPESAS
3.2.1	Custos dos Produtos, Mercadorias e Serviços Vendidos
3.2.1.01	Custos dos Insumos
3.2.1.02	Custos da Mão de Obra
3.2.1.03	Outros Custos
3.2.2	Despesas Operacionais
3.2.2.01	Despesas Administrativas
3.2.2.02	Despesas com Vendas
3.2.2.03	Outras Despesas Gerais
3.2.3	Despesas Financeiras
3.2.3.01	Juros Passivos
3.2.3.02	Outras Despesas Financeiras
3.2.4	Outras Despesas Operacionais
3.2.4.01	Despesas com Baixa de Imobilizado
3.2.4.02	Despesas com Baixa de Investimentos
3.2.4.03	Outras Despesas

Fonte: ITG 1000 – Anexo 4

7.11 Principais Aspectos Normativos da Contabilidade para PMES – NBC TG 1000

7.11.1 Forma de Escrituração, Critérios e Procedimentos Contábeis Simplificados

A ITG 1000, que estabelece procedimentos de contabilização a serem seguidos pelas Pequenas e Médias Empresas (PMES), em consonância com a NBC TG 1000, apesar de recomendar a realização de lançamentos diários, permite que as microempresas e as empresas de pequeno porte façam os seus lançamentos contábeis somente ao final de cada mês. Para tanto, precisam manter a escrituração regular dos Livros e registros auxiliares em conformidade com as normas e a legislação fiscal vigentes.

Seguem procedimentos normativos recomendados para a contabilização de alguns grupos de contas, os grupos mais utilizados.

7.11.2 Estoques: Reconhecimento e Mensuração

Estoques são ativos mantidos para venda no curso normal dos negócios, no processo de produção para venda futura ou na forma de materiais ou suprimentos a serem consumidos no processo de produção ou na prestação de serviços.

As recomendações da Norma não se aplicam a trabalho em execução decorrente de contratos de construção, instrumentos financeiros e ativos biológicos relativos à atividade agrícola e produção agrícola à época da colheita. Da mesma forma excluem-se desta Norma estoques mantidos por produtores de produtos agrícolas e florestais, produto agrícola após a colheita, e minerais e produtos minerais, na medida em que eles são avaliados pelo valor justo menos despesas para vender por meio do resultado ou corretores de produtos e revendedores que avaliam seus estoques pelo valor justo menos despesas para vender por meio do resultado.

Os estoques devem ser avaliados pelo menor valor entre o custo e o preço de venda estimado diminuído dos custos para completar a produção e despesas de venda.

O custo dos estoques deve incluir todos os custos de compra, custos de transformação e outros custos incorridos para trazer os estoques para seu depósito ou outra localização, se for o caso.

Na aquisição de estoques devem ser incluídos o preço de compra, tributos de importação (se houver) e outros tributos (com exceção daqueles posteriormente recuperáveis pela entidade, a exemplo do

ICMS e IPI, os ditos impostos compensáveis, na hora da venda), transporte, manuseio e outros custos diretamente atribuíveis à aquisição de bens acabados, materiais e serviços. Descontos comerciais, abatimentos e outros itens similares são deduzidos na determinação dos custos de compra.

Observação: se a entidade adquirir estoques para pagamento a prazo e se essa condição onerar a compra com um adicional financeiro, esse adicional deverá ser contabilizado como despesa com juros de financiamento e não deve ser somado ao custo dos estoques.

Custos de transformação envolvem os custos diretamente relacionados às unidades de produção tais como mão de obra direta e materiais diretamente envolvidos com a produção. Da mesma forma incluem a alocação dos custos indiretos de produção (fixos e variáveis) através de sistemas de rateio para compor o produto final acabado.

Outros custos podem ser incluídos nos estoques, por exemplo se a empresa mantiver local de estoque fora do local onde os mesmos foram produzidos e precisar deslocá-los até o novo local, apropriando então estes custos com transporte e mão de obra para esta ação.

7.11.3 Ativo Imobilizado: Mensuração

Ativos imobilizados são ativos tangíveis que são mantidos para uso na produção ou fornecimento de bens ou serviços, para aluguel a terceiros ou para fins administrativos e que se espera sejam utilizados durante mais do que um período. Para o reconhecimento de um item como sendo pertencente ao ativo imobilizado a entidade deve considerar que este item irá produzir futuros benefícios econômicos e que seu custo possa ser mensurado de maneira confiável. Os terrenos e os edifícios são ativos separáveis e a entidade deve contabilizá-los separadamente, mesmo quando eles são adquiridos em conjunto, ou seja, por exemplo, na aquisição de um depósito, devem ser identificados e separados na contabilização o valor do terreno e o valor do prédio.

Mensuração do Ativo Imobilizado: a entidade deve mensurar os itens do ativo imobilizado pelo seu custo inicial. Este custo compreende:

Preço de aquisição, incluindo taxas legais e de corretagem, tributos de importação e tributos de compra não recuperáveis, depois de deduzidos os descontos comerciais e abatimentos;

- Os custos diretamente atribuíveis para colocar o ativo no local e em condição de funcionar da maneira pretendida pela administração. Esses custos podem incluir os custos de elaboração do local, frete e manuseio inicial, montagem e instalação e teste de funcionalidade, no caso de equipamentos;

A estimativa inicial dos custos de desmontagem e remoção do item e de restauração da área na qual o item está localizado e a obrigação que a entidade incorre quando o item é adquirido.

A entidade deve mensurar os itens do ativo imobilizado, após o reconhecimento inicial, pelo custo menos depreciação acumulada com recomendação pela ITG 1000 que se adote o método linear para este cálculo da depreciação e considerar quaisquer perdas por redução de seu valor recuperável. Caso permitido por lei, de tempos em tempos, a entidade poderá promover reavaliações de seus ativos imobilizados para que seus valores não fiquem defasados.

Baixa de um bem do Ativo Imobilizado: a entidade deve baixar um item do ativo imobilizado quando vendê-lo ou quando não existir mais expectativa de benefícios econômicos futuros pelo seu uso ou venda e deve determinar o ganho ou a perda proveniente da baixa pela diferença entre o valor de venda líquido, se houver, e o valor contábil do item, levando a resultado este valor.

Ativos Intangíveis: ativo intangível é um ativo não monetário identificável sem substância física. Tal ativo é identificável quando for separável, isto é, se puder ser dividido ou separado da entidade e vendido, transferido, licenciado, alugado ou trocado, individualmente ou junto com contrato relacionado e for proveniente de direitos contratuais ou outros direitos legais, independentemente de tais direitos serem transferíveis ou separáveis da entidade ou de outros direitos e obrigações. Os ativos intangíveis não incluem ativos financeiros nem direitos de exploração de recursos minerais e reservas de minerais, tais como petróleo, gás natural e recursos não regenerativos similares.

Trata-se de um desmembramento do ativo imobilizado, que, a partir da vigência da Lei 11.638/2007, passa a contar apenas com bens corpóreos de uso permanente.

A entidade classificará contabilmente um ativo como intangível se for provável que benefícios econômicos futuros vindos deste ativo fluirão para a entidade e seu custo ou o valor puder ser mensurado de maneira confiável.

O ativo intangível adquirido deve ser reconhecido pelo seu custo de aquisição, incluindo os tributos de importação (se for o caso) e tributos de compra não recuperáveis, depois de deduzidos os descontos comerciais e abatimentos e ainda qualquer custo diretamente atribuível à elaboração do ativo para a finalidade pretendida.

O Ativo intangível gerado internamente terá seu reconhecimento pela totalidade dos gastos incorridos para as atividades de pesquisa e desenvolvimento.

Como exemplos de ativos intangíveis podem ser citados os direitos de exploração de serviços públicos mediante concessão ou permissão do Poder Público, marcas e patentes, direitos autorais adquiridos, softwares adquiridos ou desenvolvidos pela própria entidade e o fundo de comércio adquirido.

Os direitos classificados no intangível devem ser avaliados pelo custo incorrido na aquisição deduzido do saldo da respectiva conta de amortização, feita em função do prazo legal ou contratual de uso dos direitos ou em razão da sua vida útil econômica, deles o que for menor.

O fundo de comércio e outros valores intangíveis adquiridos são avaliados pelo valor transacionado, deduzido das respectivas amortizações, calculadas com base na estimativa de sua utilidade econômica.

Mensalmente deve ser contabilizada a amortização desses bens, em conta redutora específica.

Para efeitos de amortização, a vida útil do ativo intangível deve ser determinada com base na melhor estimativa da administração, mas não deve exceder a dez anos. A entidade deve alocar o valor da amortização utilizando uma base sistemática ao longo de sua vida útil. O encargo de amortização para cada período deve ser reconhecido como despesa. A amortização é iniciada quando o ativo intangível está disponível para utilização, isto é, quando o ativo está no local e em condições necessárias para que possa ser utilizado da maneira pretendida pela administração.

A entidade deve assumir que o valor residual de ativo intangível é zero, a não ser que exista compromisso de terceiros para comprar o ativo ao final da sua vida útil ou exista um mercado para isso e que o valor residual possa ser determinado com base nesse mercado e seja provável que tal mercado irá existir ao final da vida útil do ativo.

A entidade deve escolher o método de amortização que reflita o padrão pelo qual se espera consumir os benefícios econômicos futuros do ativo. Caso não possa determinar esse padrão de maneira confiável, a entidade deve utilizar o método da linha reta. A amortização termina quando o ativo é desreconhecido, pela baixa ou venda do mesmo, levando a resultado o ganho ou perda por ocasião de sua venda ou quando não existir expectativa de benefícios econômicos futuros pelo seu uso ou alienação.

7.12 Receitas

A norma também estabelece procedimentos para a contabilização de receitas provenientes da venda de produtos (sejam produzidos ou comprados para revenda), da prestação de serviços, contratos de construção nos quais a empresa é o empreiteiro e utilização remunerada por terceiros do uso de ativos da empresa gerando receitas com juros, royalties (marcas, patentes, software, direitos autorais de composição, produção cinematográfica, etc.) ou dividendos ou outra forma de distribuição de resultado.

A mensuração da receita deve ser feita pelo valor justo da contraprestação recebida ou a receber considerando o valor de qualquer desconto comercial, desconto financeiro por pagamento antecipado e os descontos e abatimentos por volume concedidos pela entidade. Assim, a receita deve ser considerada apenas pela entrada bruta dos benefícios econômicos recebidos e a receber pela entidade, excluindo do resultado todos os valores recebidos em nome de terceiros tais como tributos sobre vendas, sobre produtos e serviços e sobre o valor adicionado. Sendo uma agenciadora, (representação comercial por exemplo) a entidade deve incluir na receita somente o valor de sua comissão. Os valores recebidos em nome do titular ou representado não são considerados como receita da entidade.

Nos contratos de construção com prazos que ultrapassam a data de encerramento do balanço, a entidade deve reconhecer a receita e os custos associados com o contrato de construção como receita e despesas respectivamente, tendo por referência o estágio de execução da atividade contratual na data do balanço (estimando uma percentagem completada da referida obra).

Quanto aos juros, royalties ou dividendos, a entidade deve reconhecer a receita contabilizando juros efetivamente recebidos por empréstimos financeiros, os royalties são reconhecidos pelo regime de competência de acordo com o contrato e os dividendos ou outras distribuições de resultado são reconhecidos quando o direito do acionista ou sócio de receber o pagamento estiver estabelecido.

Para a divulgação das receitas no balanço, recomenda-se que a entidade divulgue:

- As políticas contábeis adotadas para o reconhecimento de receitas, incluindo os métodos adotados para determinar o estágio de execução de transações envolvendo a prestação de serviços;
- O valor de cada categoria de receita reconhecida durante o período, mostrando separadamente, pelo menos, a receita originada de:
    o Venda de produtos;
    o Prestação de serviços;
    o Juros;
    o Royalties;

o Dividendos (ou outras distribuições de resultado);
o Comissões;
o Subvenções governamentais; e

Quaisquer outros tipos significativos de receita.

- No que diz respeito à receita de contratos de construção, a entidade deve divulgar:
  o o valor de receita do contrato reconhecido como receita no período;
  o os métodos usados para determinar a receita do contrato reconhecida no período; e
  o os métodos usados para determinar o estágio de execução dos contratos em andamento.

A entidade deve ainda divulgar o valor bruto devido por clientes dos contratos por trabalhos executados e não recebidos, como ativo e o valor bruto devido aos clientes como passivo, relativo aos contratos por trabalhos recebidos e não executados (adiantamentos recebidos).

Observação: A NBC TG 1000 (R1) traz no Apêndice da Seção 23 inúmeros exemplos de reconhecimento de receita.

7.13 Operações de Arrendamento Mercantil conforme Determinado pela Lei 6099/74 Alterada pela Lei 7132/83 e Res 2309/96 do Banco Central do Brasil e Alterações Posteriores.

Segundo o parágrafo 1.º do art. 1.º da Lei 6099/74 com redação dada pela Lei 7132/83, considera-se arrendamento mercantil, para os efeitos desta Lei, o negócio jurídico realizado entre pessoa jurídica, na qualidade de arrendadora, e pessoa física ou jurídica, na qualidade de arrendatária, e que tenha por objeto o arrendamento de bens adquiridos pela arrendadora, segundo especificações da arrendatária e para uso próprio desta, cabendo a esta, ao final do contrato, o direito de opção de compra do bem, por um preço residual, previamente fixado, ou prorrogar o contrato, ou, ainda, devolver o bem. Há duas modalidades de Leasing, o Leasing Financeiro e o Leasing Operacional.

O Leasing Financeiro é a modalidade mais utilizada e é feita de agentes financeiros para pessoas físicas ou jurídicas. Um arrendamento mercantil deve ser classificado como financeiro se ele transferir substancialmente todos os riscos e benefícios inerentes à propriedade. Só se aplica a bens novos. O agente financeiro denominado arrendador não pode ser proprietário, nem produtor do bem, nem ter qualquer vinculação com o produtor ou proprietário do bem objeto da operação de Leasing. O bem é livremente escolhido pelo interessado, denominado arrendatário. O contrato tem como característica a obrigatoriedade de ser cumprido até o seu final, ou seja, todas as prestações serão devidas. Esta condição protege o arrendador, pois o mesmo adquiriu o bem segundo solicitação do arrendatário e segundo características por ele indicadas. Não seria justo para o arrendador interromper o contrato por desistência do arrendatário antes de integralmente cumpridos todos os pagamentos, exceto em eventual negociação em que seja acertada entre as partes essa possibilidade. Outra característica é o estabelecimento prévio de um valor residual para, caso seja feita a opção de compra pelo arrendatário pelo pagamento desse valor residual, ele se torne proprietário do bem. Esse valor deverá ser livremente pactuado podendo ser, inclusive, o valor de mercado do bem arrendado.

A outra modalidade é o Leasing Operacional onde a empresa de Leasing, nesse caso, não precisa ser banco. É proprietária ou fabricante de determinados bens e os arrenda a terceiros, mediante o pagamento de prestações estabelecidas, ficando a seu encargo, durante o período do arrendamento, prestar assistência técnica e manutenção. O contrato pode ser rescindido a qualquer tempo, não existindo a obrigatoriedade de cumprimento até seu final, desde que haja aviso prévio, conforme tenha sido estabelecido no contrato.

Pode conter ou não cláusula de opção de compra ao final do contrato, quando também será fixado o valor para que se confirme a compra definitiva do bem. Ou seja, considerando as normas, um arrendamento mercantil deve ser classificado como operacional se ele não transferir substancialmente todos os riscos e benefícios inerentes à propriedade, por isso a assistência técnica e manutenção ficam por conta do arrendador.

Observação: A Norma NBC TG 1000 traz um Glossário dos termos empregados no seu conteúdo. Segue como este Glossário se refere aos termos tratados neste tópico:

Arrendamento mercantil: Acordo por meio do qual o arrendador transfere ao arrendatário, em troca de pagamento, ou série de pagamentos, o direito de uso de ativo por um período de tempo acordado entre as partes. Também conhecido como leasing.

Arrendamento mercantil financeiro: Arrendamento que transfere substancialmente todos os riscos e benefícios inerentes à propriedade do ativo. O título de propriedade pode ou não ser futuramente transferido. O arrendamento que não é arrendamento financeiro é arrendamento operacional.

Arrendamento mercantil operacional: Arrendamento que não transfere substancialmente todos os riscos e benefícios inerentes à propriedade do ativo. Arrendamento que não é arrendamento operacional é arrendamento financeiro.

Contabilização Inicial do Leasing – a entidade deve contabilizar seus direitos e obrigações como ativo e passivo no seu balanço patrimonial. O valor do bem arrendado integra o imobilizado, em contrapartida ao valor total das contraprestações e do valor residual que deve ser registrado no passivo. Havendo quaisquer custos diretos iniciais do arrendatário (taxas de abertura de crédito e demais despesas como transporte ou custos de preparação para uso que possam ser diretamente atribuíveis ao bem) são adicionados ao valor reconhecido como ativo.

Assim, admitindo-se um leasing de uma máquina para uma indústria no valor de R$ 30.000,00, em 24 meses, com o valor da parcela de R$ 1.500,00 sem valor residual estabelecido e sem outros custos ou taxas adicionais, seguem os lançamentos contábeis que devem ser feitos na entidade arrendatária:

- D – Máquinas e Equipamentos – Arrendamento Mercantil (Ativo Não Circulante-Imobilizado) R$ 30.000,00;
- D – Encargos Financeiros a Apropriar (Conta Redutora-Passivo Circulante) R$ 3.000,00;
- D – Encargos Financeiros a Apropriar (Conta Redutora-Passivo Não Circulante) R$ 3.000,00;
- C – Arrendamento Mercantil a Pagar (Passivo Circulante) R$ 18.000,00; e
- C – Arrendamento Mercantil a Pagar (Passivo Não Circulante) R$ 18.000,00.

Os pagamentos de cada parcela são contabilizados como segue:

- D – Arrendamento Mercantil a Pagar (Passivo Circulante) R$ 1.500,00; e
- C – Bancos Conta Movimento (Ativo Circulante) R$ 1.500,00.

Os encargos financeiros são contabilizados como despesa:

- D – Encargos Financeiros (Conta de Resultado) R$ 250,00; e
- C – Encargos Financeiros a Apropriar (Conta Redutora – Passivo Circulante) R$ 250,00.

Depreciação: como o bem arrendado é contabilizado no imobilizado, ele deve ser depreciado. Essa depreciação deve seguir os mesmos critérios da depreciação aplicável a outros ativos de natureza igual ou semelhante, considerando o prazo de vida útil do bem. Se não existir razoável certeza de que o arrendatário obterá a propriedade no final do prazo do arrendamento mercantil (não exercer a opção de compra), o ativo deve ser totalmente depreciado durante o prazo do arrendamento mercantil ou da sua vida útil, o que for menor.

8
Esclarecimentos Normativos: Orientação Técnica Geral — OTG 1000

O CFC estabeleceu a presente OTG 1000 (Recomenda-se a leitura na íntegra) visando esclarecer alguns pontos que podem gerar dúvidas quanto aos critérios e procedimentos contábeis simplificados que devem ser adotados pelas microempresas e empresas de pequeno porte. A seguir, alguns destes esclarecimentos.

8.1 Obrigatoriedade de Manutenção de Escrituração Contábil

As microempresas e empresas de pequeno porte estão obrigadas à manutenção de escrituração contábil regular e a elaborar demonstrações contábeis anuais, sendo-lhes permitido, contudo, adotar um modelo de escrituração contábil e de elaboração de demonstrações contábeis bem mais simples.

8.2 Regime de Competência

A ITG 1000 estabelece que a escrituração contábil deve ser realizada com observância aos Princípios de Contabilidade, já analisados no Capítulo 7. As receitas realizadas bem como as despesas e os custos incorridos no período devem ser escrituradas contabilmente pela microempresa e empresa de pequeno porte de acordo com o regime de competência.

O regime de competência assegura que a microempresa e a empresa de pequeno porte tenham controle das suas obrigações e do seu nível de endividamento (contas a pagar), bem como dos seus direitos a receber (clientes e outros créditos), além de permitir a correta confrontação – a cada período contábil – entre as receitas realizadas e as despesas e os custos incorridos, o que possibilita aos administradores e proprietários a adequada avaliação do resultado dos negócios.

8.3 Lançamentos Contábeis Diários e Mensais

A ITG 1000 estabelece que os lançamentos contábeis no Livro Diário devem ser feitos diariamente. É permitido, contudo, que os lançamentos sejam feitos ao final de cada mês, desde que tenham como suporte os livros ou outros registros auxiliares escriturados em conformidade com a ITG 2000 (recomenda-se sua leitura na íntegra) que determina critérios para a Escrituração Contábil. Incluem-se aqui os livros exigidos para as empresas optantes pelo Simples Nacional (Livro Registro de Entradas, Livro Registro de Inventário, Livro Registro dos Serviços Prestados, entre outros).

8.4 Mensuração e Critérios de Avaliação de Estoques

O item 16 da ITG 1000 estabelece que a despesa dos estoques deve ser calculada considerando os custos individuais dos itens, sempre que possível. Cabe esclarecer que considerar as importâncias individuais de cada item é a forma mais adequada de se mensurar cada produto ou mercadoria mantida em estoque. No entanto, dependendo da atividade econômica e do sistema de controle interno existente na ME e na EPP, essa forma de mensuração dos estoques poderá implicar custos significativos para gerar a informação, por vezes maiores do que os benefícios derivados. Por isso foi incluída a observação de que, caso não seja possível, o custo dos estoques deve ser calculado por meio do uso do método Primeiro que Entra, Primeiro que Sai (PEPS) ou o método do Custo Médio Ponderado, permitindo com isso flexibilidade para a adoção de métodos alternativos de avaliação dos estoques.

A escolha do método é, portanto, uma política contábil definida pela entidade e deve ser aplicada uniformemente entre os períodos, e o profissional da contabilidade deve orientar sobre os métodos existentes e sobre a sua adoção. Não é permitida a sua alternância entre uma forma de apuração e outra, sem motivo justificável.

8.5 Perda por Desvalorização de Ativo Imobilizado

Eventualmente poderá ocorrer desvalorização de itens do ativo imobilizado e isso deve ser observado pelas ME e EPP para evitar que apresentem ativos imobilizados por valor superior ao valor que são capazes de gerar em fluxos de benefícios econômicos presentes e futuros. São situações excepcionais e, caso ocorram, por declínio significativo no valor de mercado, obsolescência ou quebra, o seu valor contábil deve ser reduzido ao valor recuperável, mediante o reconhecimento de perda por desvalorização ou por não recuperabilidade (ITG 1000) e se refletir na elaboração das Demonstrações Contábeis anuais.

Essa avaliação poderá ser feita pelo proprietário ou empregado da ME ou EPP pois não requer maiores conhecimentos ou envolvimento de especialistas. Exemplos:

Declínio significativo no valor de mercado: modelo de veículo utilizado pela entidade parou de ser fabricado, não havendo mais peças de reposição no mercado ou havendo dificuldade de obtenção delas. Obviamente que haverá declínio significativo no valor de mercado desse automóvel.

Obsolescência: determinado equipamento eletrônico que não vai mais ser utilizado pela entidade, em face do lançamento no mercado de equipamentos similares mais econômicos.

Quebra: máquina quebrada que não tem mais conserto e fica sem condições de uso.

8.6 Reconhecimento Proporcional das Receitas de Serviços Prestados

A receita de prestação de serviço deve ser reconhecida na proporção em que o serviço for prestado. Isso se faz necessário para a adequada confrontação no mesmo período entre as receitas dos serviços prestados e as despesas e os custos incorridos, isto é, no exercício social findo que a microempresa e a empresa de pequeno porte estão divulgando os resultados (lucro ou prejuízo). Assim, a entidade deve divulgar nas suas demonstrações contábeis anuais, especificamente na Demonstração do Resultado, o valor proporcional das receitas dos serviços prestados, tendo como contrapartida as contas de clientes divulgadas no Balanço Patrimonial do mesmo período, mesmo que a microempresa e a empresa de pequeno porte ainda não tenham faturado os referidos serviços para os seus clientes. Essa exigência somente é aplicável ao término de cada exercício social e para a entidade que presta serviços de forma contínua e com contratos que ultrapassem o término do exercício social.

8.7 Demonstrações Contábeis Comparadas

A ME e a EPP devem elaborar e apresentar as demonstrações contábeis anuais do exercício findo que está sendo reportado, de forma comparada com as do exercício imediatamente anterior. Essa exigibilidade vai proporcionar a comparabilidade das informações, facilitando a análise da entidade pelos usuários externos como instituições financeiras, fornecedores, licitantes, entre outros. E essa providência não exigirá qualquer acréscimo de investimento, já que as demonstrações do ano anterior estão prontas e arquivadas no banco de dados dos sistemas informatizados utilizados pelo profissional da contabilidade responsável pela sua elaboração.

8.8 Notas Explicativas

As ME e EPP estão obrigadas a fornecer divulgação mínima de informações por meio de notas explicativas que são integrantes das Demonstrações Contábeis, relacionando informações adicionais, relevantes e necessárias para sua adequada compreensão e que considere importante para explicar sua atividade ou para o melhor entendimento dessas Demonstrações.

Para melhor compreensão seguem-se alguns exemplos de Notas Explicativas:

Nota sobre a "Declaração de Conformidade" para evidenciar que a ME e a EPP adotaram a ITG 1000. Por exemplo:

"A empresa X Ltda (uma ME ou EPP) elaborou e está apresentando as suas Demonstrações Contábeis do exercício findo em 31 de dezembro de 20XX de acordo com a ITG 1000 – Modelo Contábil para ME e EPP, emitida pelo CFC."

Nota sobre "Descrição Resumida das Operações" para descrever resumidamente as atividades que são exercidas pela ME e EPP. Por exemplo:

"A empresa dedica-se ao comércio (indústria ou serviço) de produtos (mercadorias ou prestação de serviços), estando em plena atividade desde ... (data da constituição ou início das atividades)".

Nota sobre "Principais Práticas e Políticas Contábeis Adotadas" para esclarecer as políticas que a ME e a EPP têm opções para a adoção de práticas, critérios e procedimentos contábeis, como, por exemplo, critérios de depreciação do imobilizado, critérios de avaliação dos estoques, desvalorização de ativo imobilizado etc. Exemplos:

"A depreciação foi calculada pelo método linear, de acordo com a vida útil dos bens" ou "Os estoques foram avaliados pelo custo médio ponderado de aquisição (ou pelo PEPS)", ou então: "A administração da empresa constatou que houve a deterioração de ativos imobilizados, em face de acidente ocorrido em um veículo cujo conserto supera o valor de mercado, tendo sido reconhecida, no resultado, a perda por não recuperabilidade do referido imobilizado no valor de R$ X.XXX,XX."

Nota sobre contingências passivas para descrever situações futuras que podem trazer algum passivo para a entidade. Exemplo:

"A empresa tem ações trabalhistas em andamento movidas por ex-empregados, com valor de perda considerado possível pela assessoria jurídica, e a estimativa de desembolso, no ano seguinte, no valor de R$ X.XXX,XX."

Nota sobre qualquer outra informação relevante para levar a público informações que podem interessar face à relevância do seu teor, como exemplo se a entidade abandonou a produção de um produto. Por exemplo:

"A empresa descontinuou a produção de uma de suas linhas de produtos. Todavia, isso não significa que existe risco de descontinuidade das atividades operacionais, pois as demais linhas de produção vêm apresentando crescimento consistente, não havendo perspectiva de insolvência".

Carta de responsabilidade da administração, sobre a qual a ITG 1000 estabeleceu para o profissional da contabilidade a recomendação importante de manter contrato e receber da entidade para a qual vai prestar seus serviços a Carta de Responsabilidade da Administração conforme Anexo 1 da referida Norma, assunto já tratado no Capítulo 7 deste livro, com objetivo de obter documento formal que evidencie e assegure a responsabilidade da administração da ME e EPP na implantação e manutenção dos controles internos, bem como no fornecimento das informações e documentações completas, necessárias à adequada realização da escrituração contábil e à elaboração das demonstrações contábeis anuais, dando ao profissional de contabilidade a segurança de que ele receberá informações fidedignas para compor as demonstrações contábeis da entidade. Também foi mencionado, com relação a este tema, a possibilidade alternativa de inserir observação sobre esta responsabilidade da administração no "Termo de Encerramento" do Livro Diário.

9
Modelo Simplificado de Contabilidade: Escrituração Contábil Simplificada

O art. 1.179 da Lei nº 10.406/02 estabelece que "O empresário e a sociedade empresária são obrigados a seguir um sistema de contabilidade, mecanizado ou não, com base na escrituração uniforme de seus livros, em correspondência com a documentação respectiva, e a levantar anualmente o balanço patrimonial e o de resultado econômico."

Essa obrigatoriedade de manter contabilidade, de acordo com o Código Civil, é mantida pela legislação das Microempresas e Empresas de Pequeno Porte conforme LC 123/06 que estabelece em seu Art. 26 § 2.º essas entidades deverão ainda manter o livro-caixa em que será escriturada sua movimentação financeira e bancária. Essa obrigatoriedade se soma à necessidade de manter os livros fiscais

- Diário;
- Razão;
- Registro de Inventário;
- Registro de Entradas de Mercadorias;
- Registro dos Serviços Prestados;
- Registro de Serviços Tomados; e
- Outros, para os casos específicos.

A sugestão de Modelo do Plano de Contas apresentada no Capítulo 7, apesar de conservar as características de "simplificação" preconizadas no Estatuto Nacional da Microempresa e Empresa de Pequeno Porte, foi elaborada com base na legislação societária prevista nas Leis nº 6.404/76 e 11.638/07, e visa apresentar uma base para orientar a elaboração do Plano de Contas de cada empresa, respeitando suas características e especificidades. O modelo proposto aplica-se a empresas que exercem atividades mistas — comércio, indústria e serviços — realizadas conjuntamente. Caso não sejam realizadas as três atividades, existem duas opções a seguir pela empresa.

1 – Utilização do modelo completo excluindo as contas que não são utilizadas, mantendo as demais e conservando a codificação geral para facilitar o uso, principalmente para organizações contábeis que trabalham para empresas de vários ramos.
2 – Construção de Planos de Contas específicos para cada ramo de atividade, partindo do modelo geral e refazendo a codificação para conciliar as peculiaridades inerentes a cada um.

Escolhida a segunda opção, alguns ajustes importantes devem ser considerados, como, por exemplo, as empresas comerciais não necessitam dos grupos 3 – Custos e 4 – Produção. Nesse caso, as despesas e as receitas ocupariam o espaço aberto com a eliminação destes grupos de contas, e as contas de apuração de resultado receberiam a codificação iniciada com o algarismo 5.

9.1 Grupos de Contas: Plano de Contas Simplificado

Grupo 1 – Ativo
Grupo 2 – Passivo
Grupo 3 – Custos
Grupo 4 – Produção
Grupo 5 – Despesas
Grupo 6 – Receitas
Grupo 7 – Contas de apuração de resultados

9.1.1 Estrutura Básica do Plano de Contas Simplificado

Quadro 7

Estrutura Básica do Plano de Contas Simplificado

ATIVO	31.12.X1	31.12.X0	PASSIVO e PATRIMÔNIO LÍQUIDO	31.12.X1	31.12.X0
CIRCULANTE			**CIRCULANTE**		
Caixa e Equivalentes de Caixa			Fornecedores		
Contas a Receber			Empréstimos e Financiamentos		
Estoques			Obrigações Fiscais		
Outros Créditos			Obrigações Trabalhistas e Sociais		
			Contas a Pagar		
			Provisões		
NÃO CIRCULANTE			**NÃO CIRCULANTE**		
Realizável a Longo Prazo			Financiamentos		
Investimentos			Outras contas a pagar		
Imobilizado					
Intangível			**PATRIMÔNIO LÍQUIDO**		
(-) Depreciação e Amortização Acumuladas			Capital Social		
			Reservas de Capital		
			Reservas de Lucros		
			Lucros Acumulados		
			(-) Prejuízos Acumulados		
TOTAL			**TOTAL**		

Fonte: ITG 1000

Quadro 7 (cont.)

CUSTOS → Insumos → Mão-de-Obra Direta → Outros Custos Diretos → Custos Indiretos de Produção	PRODUÇÃO → Industrial → De Serviços
DESPESAS → Custo das Vendas → Despesas com Pessoal → Despesas Administrativas → Despesas de Comercialização → Despesas Tributárias → Despesas Financeiras → Depreciação e Amortização → Perdas Diversas → Despesas Não Operacionais	RECEITAS → Receita Bruta de Vendas → (-) Deduções da Receita Bruta → Receitas Financeiras → Receitas Diversas → Receitas Não Operacionais
CONTAS DE APURAÇÃO DE RESULTADO → Balanço de Abertura → Balanço de Encerramento → Resultado do Exercício	

A empresa que presta serviços de contabilidade e possui clientes enquadrados nos diversos ramos de atividade pode adotar a estrutura do Modelo Completo (como acima) para todas as empresas, excluindo as contas que não são utilizadas, porém mantendo a codificação básica para facilitar a utilização dos Planos, pois uma conta com a mesma nomenclatura terá o mesmo código em todas as empresas.

Uma prática que pode ser adotada tanto pelas empresas de contabilidade como por profissionais de contabilidade é a utilização simultânea do Plano de Contas com o Plano de Eventos. A finalidade do Plano de Eventos é a gravação dos vários elementos comuns nos lançamentos ("partidas dobradas") que se repetem e formam eventos contábeis.

Veja o exemplo das compras a prazo.

Cada compra a prazo constitui uma transação ou fato contábil. O conjunto das compras a prazo constitui o evento contábil COMPRAS A PRAZO. Sua contabilização será:

Quadro 8

Padronização de Lançamentos Contábeis

> Data: **dd/mm/aaaa**
> Conta e subconta devedoras: **ESTOQUE/Compras**
> Conta e subconta credoras: **FORNECEDORES/Fornecedor A**
> Histórico: Compra conforme **NF XXXX**
> Valor: **R$ 0.000,00**

Fonte: ITG 1000

Os elementos variáveis desse evento são apenas: a data, o nome do fornecedor, o número do documento fiscal e o valor da operação. A utilização desse procedimento minimiza erros de classificação contábil e agiliza a escrituração, principalmente quando o volume de transações é numeroso e pode ser adotado para todos os grupos.

9.2 Demonstrações Contábeis: Função e Funcionamento das Principais Contas

As empresas que realizam Escrituração Contábil Simplificada são obrigadas à elaboração do Balanço Patrimonial, da Demonstração do Resultado do Exercício e das Notas Explicativas, facultada a confecção das demais demonstrações previstas na legislação.

O Balanço Patrimonial é a demonstração contábil destinada a evidenciar, qualitativa e quantitativamente, numa determinada data, a posição patrimonial e financeira da entidade.

A Demonstração do Resultado é a demonstração contábil destinada a evidenciar a composição do resultado formado num determinado período de operações da entidade. Observado o princípio da competência, evidenciará a formação dos vários níveis de resultados mediante confronto entre as receitas e os correspondentes custos e despesas.

As Notas Explicativas visam fornecer um mínimo de informações que são integrantes das Demonstrações Contábeis, relacionando informações adicionais, relevantes e necessárias para sua adequada compreensão para explicar sua atividade ou para o melhor entendimento dessas Demonstrações.

No Capítulo 7 foram apresentadas as estruturas básicas dos modelos de Balanço Patrimonial, Demonstração de Resultados e Plano de Contas Simplificado conforme ITG 1000. É com base nessa Estrutura Básica do Plano de Contas Simplificado, acima mencionada, que deve ser feita a contabilidade das pequenas e médias empresas. Para isso, é preciso compreender a função e funcionamento das principais contas, análise que segue.

9.3 Função e Funcionamento das Principais Contas

9.3.1 Ativo

9.3.1.1 Ativo Circulante

Caixa – Registra a movimentação de dinheiro, cheques e outros documentos compensáveis em poder da empresa.
Debita-se pelo recebimento (entrada).
Credita-se pelo pagamento (saída).
Saldo devedor

Bancos Conta Movimento – Registra a movimentação de dinheiro da empresa em poder de estabelecimentos bancários, mantido em conta de disponibilidades.

Debita-se pelos depósitos bancários, resgates de aplicações financeiras e recebimentos de crédito na empresa, por via bancária, de qualquer origem.

Credita-se pela emissão de cheques, transferência de valores para aplicação financeira e débitos na conta bancária efetuados pela instituição bancária.

Saldo devedor

Observação: Caso a empresa possua cheque especial liberado na própria conta corrente, o saldo da conta pode tornar-se credor, pois essa operação constitui uma forma de empréstimo. Por isso o saldo credor deve ser transferido para conta do passivo circulante, por ocasião do encerramento do período.

Aplicações Financeiras – Registra os valores aplicados em instituições financeiras, tais como certificados de depósitos bancários, fundos de investimentos, e outros.

Debita-se pela transferência de valores para aplicação financeira e pelos rendimentos gerados no período.

Credita-se pelo resgate ou liquidação da aplicação financeira e pelos impostos incidentes quando do resgate.

Saldo devedor

Clientes – Registra os valores a receber de clientes decorrentes das vendas a prazo de mercadorias, produtos e serviços.

Debita-se pela emissão da fatura contra o cliente e pelos juros decorrentes de eventuais atrasos de pagamento.

Credita-se pelo recebimento total ou parcial do título, pela anulação da venda (devolução), pelos descontos concedidos por qualquer motivo e pela baixa como incobrável.

Saldo devedor

(-) Duplicatas Descontadas – Registra a movimentação de duplicatas emitidas contra clientes e descontadas em instituições financeiras.

Debita-se pela baixa do título pago pelo cliente junto à instituição financeira que efetuou o desconto.

Credita-se pelo valor principal da operação de desconto, em contrapartida com o crédito feito na conta corrente da empresa.

Saldo credor

Outras Contas a Receber – Registra a movimentação de outros créditos da empresa junto a terceiros não oriundos de operações de vendas a prazo.

Debita-se pela aquisição do direito da empresa junto ao devedor.
Credita-se pelo resgate ou amortização do débito.
Saldo devedor

Estoques – Mercadorias para Revenda – Registra a movimentação no estoque de mercadorias adquiridas para revenda.

Debita-se pelas compras efetuadas, inclusive pelos valores acessórios tais como fretes, carretos, seguros e impostos antecipados.

Credita-se pelo valor dos créditos fiscais permitidos pela legislação pertinente (impostos compensáveis – ICMS e IPI) e pela baixa decorrente da transferência para despesa como custo das mercadorias vendidas.

Saldo devedor

Produtos Acabados – Registra a movimentação no estoque de produtos fabricados pela empresa industrial.

Debita-se pela entrada de produtos provenientes do setor fabril da empresa, acompanhado por documento de controle interno.

Credita-se pela baixa decorrente da transferência para custo dos produtos vendidos.

Saldo devedor

Matérias-Primas – Registra a movimentação de matérias-primas adquiridas para utilização no processo industrial.

Debita-se pelas compras efetuadas, inclusive pelos valores acessórios tais como fretes, seguros e impostos antecipados.

Credita-se pelo valor dos créditos fiscais permitidos pela legislação pertinente (impostos compensáveis – ICMS e IPI) e pela baixa decorrente da transferência para consumo no processo industrial.

Saldo devedor

Materiais de Embalagem – Registra a movimentação de materiais de acondicionamento e embalagem adquiridos para utilização no processo industrial.

Debita-se pelas compras efetuadas, inclusive pelos valores acessórios tais como fretes, seguros e impostos antecipados.

Credita-se pelo valor dos créditos fiscais permitidos pela legislação pertinente (impostos compensáveis – ICMS e IPI) e pela baixa decorrente da transferência para consumo no processo industrial.

Saldo devedor

Materiais de Consumo – Registra a movimentação de materiais de consumo adquiridos para utilização no processo industrial. Refere-se aos demais materiais consumidos no processo industrial que não integram fisicamente os produtos fabricados, tais como materiais de limpeza, de manutenção, de reposição, pequenas ferramentas que não compõem o imobilizado.

Debita-se pelas compras efetuadas, inclusive pelos valores acessórios tais como fretes, seguros e impostos antecipados.

Credita-se pela baixa decorrente da transferência para consumo no processo industrial.

Saldo devedor

Impostos a Recuperar – Registra e controla os impostos a serem recuperados ou compensados em períodos subsequentes.

Debita-se pela exclusão do valor do bem adquirido (estoque ou imobilizado), com base na escrituração fiscal, ou pela retenção efetuada por terceiros.

Credita-se por ocasião da recuperação ou compensação em contrapartida com a conta que registra o tributo a recolher.

Saldo devedor

Despesas Antecipadas – Registra as aplicações de recursos em despesas cujos benefícios ou prestação de serviços se farão durante o próprio exercício e o seguinte, tais como prêmios de seguro, assinaturas e anuidades, aluguéis pagos antecipadamente, e outros.
Debita-se pelo pagamento ou ocorrência da despesa.
Credita-se pela apropriação mensal.
Saldo devedor

9.3.1.2 Ativo Não Circulante

As contas do Ativo Não Circulante têm as mesmas Funções, Funcionamento e Saldos das suas equivalentes do Ativo Circulante como por exemplo Realizável a Longo Prazo – Contas a Receber.

Participações Societárias – Registra os investimentos permanentes em outras empresas.
Nota: a LC 123 veda a caracterização como microempresa ou empresa de pequeno porte de empresa que participa do capital de outras empresas, mas exclui da vedação as participações em cooperativas de crédito, centrais de compras, bolsas de subcontratação, consórcios simples ou associações assemelhadas.
Debita-se pela aquisição ou subscrição da participação societária em consórcio simples, centrais de compras ou cooperativa de crédito.
Credita-se pela baixa decorrente de venda da participação.
Saldo devedor

Imobilizado – Registra e controla as imobilizações permanentes em terrenos, construções e benfeitorias, máquinas, aparelhos e equipamentos, ferramentas, matrizes, móveis e utensílios, equipamentos de informática, instalações comerciais, veículos e outros.
Debita-se a conta específica deste item sempre que ocorrer a aquisição dos bens, pelo valor total dispendido que inclui frete, seguro, impostos não recuperáveis.

Credita-se sempre que houver alienação ou baixa, bem como pelos créditos tributários permitidos pela legislação pertinente em contrapartida com a conta IMPOSTOS A RECUPERAR no Ativo Circulante ou no Ativo Não Circulante.
Saldo devedor

Depreciações Acumuladas – Registra e controla as depreciações decorrentes do desgaste dos bens pelo uso e pela ação do tempo e a desvalorização pela obsolescência.
Debita-se pela alienação e baixa de bens imobilizados correspondentes.
Credita-se pelo valor da quota de depreciação ou amortização em contrapartida com custo ou despesa.
Saldo credor

Intangível – Registra e controla os bens intangíveis de natureza permanente, como softwares e fundo de comércio.
Debita-se a conta específica deste item sempre que ocorrer a aquisição de bens.
Credita-se pela alienação e baixa.
Saldo devedor

Amortizações Acumuladas – Registra e controla as amortizações dos recursos aplicados em ativo intangível.
Debita-se pela alienação e baixa de bens intangíveis correspondentes.
Credita-se pelo valor da quota de amortização em contrapartida com custo ou despesa.
Saldo credor

Depreciação e Amortização – Registra, em conta específica, as quotas mensais de depreciação e amortização.
Debita-se pelo registro mensal da quota.
Credita-se pela apuração do Resultado do Exercício.
Saldo devedor

9.3.2 Passivo e Patrimônio Líquido

9.3.2.1 Passivo Circulante

Fornecedores – Registra e controla as obrigações com os fornecedores decorrentes das aquisições de bens e serviços.
Debita-se pelas amortizações e liquidação das obrigações.
Credita-se pela contratação da obrigação.
Saldo credor

Empréstimos e Financiamentos – Registra e controla as obrigações com instituições financeiras decorrentes da obtenção de empréstimos e financiamentos.
Debita-se pelas amortizações e liquidação das obrigações.
Credita-se pelo recebimento ou disponibilidade do crédito e pela provisão dos encargos financeiros.
Saldo credor.

9.3.2.2 Obrigações Fiscais: Simples Nacional

ICMS a recolher
ISS a recolher
Registra e controla as obrigações decorrentes dos tributos devidos ou retidos pela empresa.
Debita-se pelo pagamento de tributos.
Credita-se pela provisão e retenção dos tributos.
Saldo credor

9.3.2.3 Obrigações Trabalhistas e Sociais

Salários a Pagar
Registra os valores a pagar aos empregados relativos aos salários e os descontos que ocorram na folha de pagamento.

Debita-se pelos descontos e pelos pagamentos de adiantamento e saldo líquido final.
Credita-se pelos salários.
Saldo credor

9.3.2.3.1 Obrigações Trabalhistas
FGTS a Recolher
INSS dos Segurados a Recolher
Registra e controla as obrigações da empresa decorrentes da legislação trabalhista em relação à previdência social, ao fundo de garantia por tempo de serviço e aos sindicatos de trabalhadores.
Debita-se pela liquidação da obrigação.
Credita-se pela provisão das obrigações e pelos descontos feitos na folha de pagamento, recibos de férias e termos de rescisão de contrato de trabalho.
Saldo credor

Contas a Pagar – Registra e controla outras obrigações junto a pessoas ou empresas decorrentes das aquisições de bens, serviços e outras finalidades. Exemplo: telefone, energia elétrica, aluguéis e outros.
Debita-se pelas amortizações e liquidação das obrigações.
Credita-se pela contratação da obrigação ou pela apresentação da conta mensal
Saldo credor

9.3.2.4 Passivo Não Circulante

As contas do Passivo Não Circulante têm as mesmas Funções, Funcionamento e Saldos das suas equivalentes do Passivo Circulante.

Capital Social Subscrito – Registra as subscrições de capital.
Debita-se pela redução de capital em virtude de restituição ou compensação de prejuízos.

Credita-se pelas subscrições do capital inicial e dos aumentos posteriores.

Saldo credor

Capital Social a Integralizar – Registra as integralizações de capital.
Debita-se pelas subscrições.
Credita-se pelas integralizações.

Saldo devedor

Reservas de Capital – Registra as contrapartidas dos valores recebidos pela empresa e que não transitam pelo Resultado como Receita, por se referirem a valores destinados a reforço de seu capital.

Debita-se pela incorporação da reserva ao Capital Social, compensação de prejuízos ou ajustes efetuados.
Credita-se pela constituição da reserva.

Saldo credor

Ajustes de Avaliação Patrimonial – Registra as contrapartidas de aumentos e diminuição de valor atribuído a elementos do ativo e do passivo, em decorrência de sua avaliação a preço de mercado.

Debita-se pelo ajuste e pela transferência para o Resultado do Exercício.
Credita-se pelo ajuste e pela transferência para o Resultado do Exercício.

Saldo devedor ou credor, dependendo dos somatórios dos ajustes feitos a débito e a crédito.

Lucros ou Prejuízos Acumulados – Registra o valor dos prejuízos acumulados para compensação com lucros de períodos subsequentes, com outras reservas ou redução do Capital Social.

Debita-se pelos prejuízos verificados em contrapartida com o Resultado do Exercício.
Credita-se pela compensação com o Resultado, Reserva ou Capital Social.

Saldo devedor

9.4 Receitas, Custos e Despesas – Contas de Resultado

9.4.1 Vendas

Receita de Vendas – Registra, em conta específica, as receitas de vendas de mercadorias, produtos e serviços prestados, destacando as receitas de vendas de mercadorias, produtos e serviços sujeitos ao regime de substituição tributária, as vendas para o exterior e as vendas de operações normais.
Debita-se pela apuração do Resultado do Exercício.
Credita-se pela ocorrência da receita, com base nos documentos fiscais emitidos pela empresa.
Saldo credor

(-) Deduções de Tributos, Abatimentos e Devoluções
Registra, em conta específica, os impostos e contribuições calculados sobre o valor da receita bruta, tais como: SIMPLES NACIONAL, ISS Substituição Tributária, ICMS, ISS, PIS e COFINS, bem como o valor das devoluções de vendas, cancelamento de serviços prestados e os abatimentos concedidos incondicionalmente.
Debita-se pelo provisionamento dos impostos e contribuições ao final de cada mês.
Credita-se pela apuração do Resultado do Exercício.
Saldo devedor

Receitas Financeiras – Registra, em conta específica, as receitas de juros cobrados dos clientes em eventuais atrasos de pagamentos de títulos e os rendimentos de aplicações financeiras.
Debita-se pela apuração do Resultado do Exercício.
Credita-se pela ocorrência e provisionamento da receita.
Saldo credor

Receitas Diversas – Registra, em conta específica, outras receitas operacionais não classificadas nos títulos anteriores, por exemplo: receita com recuperação de custos ou despesas.

Debita-se pela apuração do Resultado do Exercício.
Credita-se pela ocorrência da receita.
Saldo credor

Receitas Não Operacionais – Registra, em conta específica, as receitas não operacionais, por exemplo Resultado na Alienação de Imobilizado.
Debita-se pela apuração do Resultado do Exercício.
Credita-se pela ocorrência da receita.
Saldo credor

9.4.2 Custos

Custos dos Produtos, Mercadorias e Serviços Vendidos
Custos dos Insumos
Custos da Mão de Obra
Outros Custos
Registra, em conta específica, o custo de mercadorias e serviços, insumos, mão-de-obra e outros custos.

Debita-se pela requisição feita ao almoxarifado da empresa, pelo pagamento e provisão dos salários e encargos sociais e de outros custos.

Credita-se pela transferência do saldo para apuração do custo industrial ou comercial.
Saldo devedor

9.4.3 Despesas

Despesas Operacionais
Despesas Administrativas
Despesas com Vendas
Outras Despesas Gerais
Registra, em conta específica, as despesas com salários, encargos e benefícios sociais das áreas administrativas, vendas e outras não ligadas diretamente à produção ou comercialização.

Debita-se pelo pagamento e ocorrência da despesa.
Credita-se pela apuração do Resultado do Exercício.
Saldo devedor

Despesas Financeiras – Registra, em conta específica, as despesas com encargos financeiros relativos a empréstimos obtidos e juros moratórios.
Debita-se pelo pagamento e provisão do encargo.
Credita-se pela apuração do Resultado do Exercício.
Saldo devedor

Outras Despesas Operacionais – Registra, em conta específica, eventuais perdas operacionais, inclusive a provisão para devedores duvidosos.
Debita-se pelo pagamento, provisão e ocorrência da despesa.
Credita-se pela apuração do Resultado do Exercício.
Saldo devedor

Resultado do Exercício – Recebe as receitas e as despesas do período que está sendo encerrado para a apuração do resultado líquido e sua destinação.
Debita-se pelas despesas, em contrapartida destas e, pela destinação do resultado para reservas, lucros a distribuir ou compensação de prejuízos acumulados.
Credita-se pelas receitas, em contrapartida destas e pela transferência para prejuízos acumulados, se ocorrer. Não deve registrar saldo, pois apura e destina o resultado na mesma data.

9.4.4 Exemplo de Algumas Operações e seus Respectivos Registros

> **Observação Importante:** Antes de cada conta a ser debitada e creditada colocar o respectivo código conforme plano de contas estruturado e adotado pela entidade

Subscrição de Capital
D – CAPITAL SOCIAL A REALIZAR/Sócio A
C – CAPITAL SOCIAL SUBSCRITO/Capital Nacional
Histórico – Subscrição do capital inicial, conforme contrato registrado na Junta Comercial sob nº X – R$

Realização de Capital Subscrito em Dinheiro
D – CAIXA/Caixa Geral
C – CAPITAL SOCIAL A REALIZAR/Sócio A
Histórico – Recebido do sócio A, para integralização de suas quotas – R$

Realização de Capital com a Entrega de Móveis para Escritório
D – ATIVO IMOBILIZADO/Móveis & Utensílios
C – CAPITAL SOCIAL A REALIZAR/Sócio A
Histórico – Recebidos móveis, conforme relação, para integralização de suas quotas – R$

Depósito em Dinheiro no Banco
D – BANCOS CONTA MOVIMENTO/Banco A
C – CAIXA/Caixa Geral
Histórico – Depósito, conforme comprovante – R$

Saque Bancário
D – CAIXA/Caixa Geral
C – BANCOS CONTA MOVIMENTO/Banco A
Histórico – Recebido saque do cheque nº X – R$

Liberação de Empréstimo com Juros Antecipados
D – BANCOS CONTA MOVIMENTO/Banco A
D – ENCARGOS FINANCEIROS A TRANSCORRER/Juros Passivos
C – EMPRÉSTIMOS BANCÁRIOS/Banco A
Histórico – Recebida liberação de empréstimo conforme, contrato nº X – R$

Apropriação dos Juros pelo Regime de Competência
D – DESPESAS FINANCEIRAS/Juros Passivos
C – ENCARGOS FINANCEIROS A TRANSCORRER/Juros Passivos
Histórico – Valor dos juros relativos ao período X – R$

Amortização de Empréstimo
D – EMPRÉSTIMOS BANCÁRIOS/Banco A
C – BANCOS CONTA MOVIMENTO/Banco A
Histórico – Valor referente à amortização do contrato de empréstimo n° X – R$

Provisão da Folha de Salário
D – DESPESAS COM PESSOAL/Salários
C – SALÁRIOS A PAGAR/Salários a Pagar
Histórico – Valor da folha de pagamento relativa ao mês X – R$

Pagamento da Folha Salarial
D – SALÁRIOS A PAGAR/Salários a Pagar
C – BANCOS CONTA MOVIMENTO/Banco A
Histórico – Valor do cheque n° X emitido para pagamento folha mês X – R$

Registro do Desconto em Folha para a Previdência Social
D – SALÁRIOS A PAGAR/Salários a Pagar
C – OBRIGAÇÕES TRABALHISTAS/INSS a Recolher
Histórico – Valor do desconto para a previdência social relativa ao mês X – R$

Provisão da Conta de Telefone
D – DESPESAS ADMINISTRATIVAS/Telefone e Internet
C – CONTAS A PAGAR/Telefone a Pagar
Histórico – Valor da conta de telefone relativa ao mês X 1 – R$

Pagamento do IPTU (pago em parcela única antecipada)
D – DESPESAS ANTECIPADAS/IPTU a Apropriar
C – BANCOS CONTA MOVIMENTO/Banco A
Histórico – Valor do cheque n° X, relativo ao pagamento de IPTU – R$

Apropriação do IPTU pelo Regime de Competência
D – DESPESAS TRIBUTÁRIAS/IPTU
C – DESPESAS ANTECIPADAS/IPTU a Apropriar
Histórico – Valor da apropriação mensal do IPTU relativa ao mês X – R$

Registro da Depreciação da Conta Móveis & Utensílios
D – DEPRECIAÇÃO E AMORTIZAÇÃO/Depreciação
C – DEPRECIAÇÃO ACUMULADA/Móveis & Utensílios
Histórico – Valor da quota de depreciação relativa ao mês X – R$

Pagamento de Duplicata Referente à Compra de Mercadorias
D – FORNECEDORES/Fornecedor A
C – BANCOS CONTA MOVIMENTO/Banco A
Histórico – Valor do cheque n° X relativo ao pagamento da Dupl. Y – R$

Provisão do Simples Nacional
D – DEDUÇÕES DA RECEITA BRUTA/Simples Nacional
C – OBRIGAÇÕES TRIBUTÁRIAS/Simples Nacional a Recolher
Histórico – Provisão do Simples Nacional relativo ao mês X – R$

Pagamento do Simples Nacional
D – OBRIGAÇÕES TRIBUTÁRIAS/Simples Nacional a Recolher
C – BANCOS CONTA MOVIMENTO/Banco A
Histórico – Valor do cheque n° X relativo ao pagamento do DAS do mês Y – R$

9.5 Operações Típicas de Empresas Comerciais Optantes pelo Simples Nacional

Compra de Mercadorias a Prazo
D – MERCADORIAS PARA REVENDA/Compras
C – FORNECEDORES/Fornecedor A
Histórico – Compra de mercadoria, conforme NF n° X – R$

Frete Relativo à Compra de Mercadorias
D – MERCADORIAS PARA REVENDA/Fretes e Carretos
C – FORNECEDORES/Fornecedor B
Histórico – Frete relativo a compra de mercadorias, conforme CTRC n° X – R$

Devolução de Compra Feita à Prazo
D – FORNECEDORES/Fornecedor A
C – MERCADORIAS PARA REVENDA/Devoluções de Compras
Histórico – Devolução da NF n° X – R$

Pagamento de ICMS Antecipado Relativo à Compra Interestadual
D – MERCADORIAS PARA REVENDA/ICMS – Antecipado
C – BANCOS CONTA MOVIMENTO/Banco A
Histórico – Cheque n° X relativo ao pagamento do DAE referente a NF n° Y – R$

Pagamento ICMS Compra de Mercadoria Sujeita ao Regime de Substituição Tributária
D – MERCADORIAS PARA REVENDA/ICMS – Substituição Tributária
C – BANCOS CONTA MOVIMENTO/Banco A
Histórico – Cheque n° X relativo ao pagamento do DAE referente a NF n° Y – R$

Venda de Mercadorias a Prazo
D – CLIENTES/Cliente A
C – RECEITA BRUTA DE VENDAS/Vendas de Mercadorias
Histórico – Venda conforme NF n° X – R$

Devolução de Venda de Mercadoria Feita a Prazo
D – DEDUÇÕES DA RECEITA BRUTA/Devoluções de Vendas
C – CLIENTES/Cliente A
Histórico – Devolução conforme NF n° X – R$

Baixa no Estoque Referente ao Custo das Mercadorias Vendidas no Mês
D – CUSTO DAS VENDAS/Custo das Mercadorias Vendidas
C – MERCADORIAS PARA REVENDA/Custo Mercadorias Vendidas
Histórico – Custo das mercadorias vendidas n/mês transferido para despesa – R$

Provisão do Simples Nacional
D – DEDUÇÕES DA RECEITA BRUTA/Simples Nacional
C – OBRIGAÇÕES TRIBUTÁRIAS/Simples Nacional a Recolher
Histórico – Provisão do Simples Nacional relativo ao mês X – R$

9.5.1 Optantes pelo Simples Nacional com Receita Bruta Anual acima do Limite do Subteto Estadual ou Não Optante pelo Simples

Observação: Os fatos contábeis exemplificados no item anterior (Optantes pelo Simples Nacional com Receita Bruta até o Limite do Subteto Estadual), quando for o caso e observadas as particularidades, aplicam-se por integral às empresas comerciais optantes pelo Simples Nacional, com receita bruta anual acima do limite do subteto estadual ou então, quando se tratar de empresas comerciais não optantes pelo Simples Nacional.

Pagamento de ICMS Antecipado Relativo à Compra Interestadual
D – IMPOSTOS A RECUPERAR/ICMS Antecipado
C – BANCOS CONTA MOVIMENTO
Histórico – Cheque n° X relativo ao pagamento do DAE referente à NF n° Y – R$

Provisão do Débito do ICMS do Mês
D – DEDUÇÕES DA RECEITA BRUTA/ICMS
C – OBRIGAÇÕES TRIBUTÁRIAS/ICMS a Recolher
Histórico – Provisão do débito de ICMS relativo ao mês X – R$

Provisão do Crédito do ICMS do Mês
D – OBRIGAÇÕES TRIBUTÁRIAS/ICMS a Recolher
C – MERCADORIAS PARA REVENDA/ICMS sobre Compras
Histórico – Provisão do crédito de ICMS relativo ao mês X – R$

Registro da Recuperação do Icms Antecipado
D – OBRIGAÇÕES TRIBUTÁRIAS/ICMS a Recolher
C – IMPOSTOS A RECUPERAR/ICMS Antecipado
Histórico – Valor do ICMS Antecipado recuperado n/mês – R$

9.6 Operações Típicas de Empresas Industriais

9.6.1 Optantes pelo Simples Nacional com Receita Bruta Anual até o Limite do Subteto Estadual

Compra de Matérias-Primas a Prazo
D – MATÉRIAS-PRIMAS/Compras
C – FORNECEDORES/Fornecedor A
Histórico – Compra de matéria-prima, conforme NF n° X – R$

Frete Relativo à Compra de Matérias-Primas
D – MATÉRIAS-PRIMAS/Fretes e Carretos

C – FORNECEDORES/Fornecedor B
Histórico – Frete relativo a compra de matéria-prima, conforme CTRC nº X – R$

Consumo de Matérias-Primas
D – CUSTOS INDUSTRIAIS/Matérias-primas
C – MATÉRIAS-PRIMAS/Transferência para Consumo
Histórico – Consumo de matéria-prima no período X – R$

Provisão de Salário do Pessoal da Fábrica Ligado à Produção
D – MÃO-DE-OBRA DIRETA/Salários
C – SALÁRIOS A PAGAR/Salários
Histórico – Valor da folha de pagamento relativa ao mês X – R$

Provisão de Salário do Pessoal da Fábrica Não Ligado à Produção
D – CUSTOS INDIRETOS DE FABRICAÇÃO/Salários
C – SALÁRIOS A PAGAR/Salários
Histórico – Valor da folha de pagamento relativa ao mês X – R$

Provisão da Conta de Energia Elétrica da Fábrica
D – CUSTOS INDIRETOS DE FABRICAÇÃO/Energia elétrica
C – FORNECEDORES/Fornecedor A
Histórico – Valor da conta de energia elétrica da fábrica relativa ao mês X – R$

Transferência para Estoque de Produtos Acabados
D – ESTOQUE PRODUTOS ACABADOS/Produção
C – PRODUÇÃO/De Bens
Histórico – Valor da produção do mês transferida para estoque – R$

Venda a Prazo de Produtos de Fabricação Própria
D – CLIENTES/Cliente A
C – RECEITA BRUTA DE VENDAS/Vendas de Produtos de Fabricação Própria
Histórico – Venda conforme NF nº X – R$

Venda a Prazo Produtos Fabricação Própria Sujeitos Regime de Substituição Tributária
D – CLIENTES/Cliente A
C – RECEITA BRUTA DE VENDAS/Vendas de Produtos de Fabricação Própria com Substituição Tributária
Histórico – Venda conforme NF n° X – R$

Baixa no Estoque Referente ao Custo dos Produtos Vendidos no Mês
D – CUSTO DAS VENDAS/Custo dos Produtos Vendidos
C – PRODUTOS ACABADOS/Custo dos Produtos Vendidos
Histórico – Custo dos produtos vendidos n/mês transferido para despesa – R$

Encerramento das Contas de Custos Industriais no Final de cada Período
D – PRODUÇÃO/De Bens
C – As contas de CUSTOS
Histórico – Transferência para encerramento do período X – R$

9.6.2 Optantes pelo Simples Nacional, com Receita Bruta Anual acima do Limite do Subteto Estadual ou Não Optante Pelo Simples

Observação: Os fatos contábeis exemplificados no item anterior (Optantes pelo Simples Nacional com Receita Bruta Anual até o Limite do Subteto Estadual), quando for o caso e observadas as particularidades, aplicam-se por integral às indústrias optantes pelo Simples Nacional, com receita bruta anual acima do limite do subteto estadual ou quando se tratar de indústrias não optantes pelo Simples Nacional.

9.7 Operações Típicas de Empresas Prestadoras de Serviço

9.7.1 Optantes pelo Simples Nacional com Receita Bruta Anual até o Limite do Subteto Estadual

Compra de Materiais para Aplicação nos Serviços Prestados
D – MATERIAIS DE CONSUMO/Compras
C – FORNECEDORES/Fornecedor A
Histórico – Compra de material para aplicação em serviços, conforme NF n° X – R$

Frete Relativo à Compra de Materiais de Consumo em Serviços
D – 1.1.3.9.03 MATERIAIS DE CONSUMO/Fretes e Carretos
C – 2.1.1.4.02 FORNECEDORES/Fornecedor B
Histórico – Frete relativo à compra de materiais para aplicação em serviços, conforme CTRC n° X – R$

Consumo de Materiais na Realização de Serviços
D – CONSUMO DE MATERIAIS/Materiais Aplicados
C – MATERIAIS DE CONSUMO/Transferência para Consumo
Histórico – Consumo de materiais aplicados em serviços no mês X – R$

Provisão de Salário do Pessoal Ligado à Prestação de Serviços
D – MÃO-DE-OBRA DIRETA/Salários
C – SALÁRIOS A PAGAR/Salários
Histórico – Valor da folha de pagamento do mês X – R$

Provisão de Salário do Pessoal Não Ligado à Prestação de Serviços
D – CUSTOS INDIRETOS DE PRESTAÇÃO DE SERVIÇOS/ Salários
C – SALÁRIOS A PAGAR/Salários
Histórico – Valor da folha de pagamento do mês X – R$

Provisionamento da Conta de Energia Elétrica Consumida na Prestação de Serviços
D – CUSTOS INDIRETOS PRESTAÇÃO SERVIÇOS/Energia elétrica
C – FORNECEDORES/Fornecedor A
Histórico – Valor da conta de energia elétrica consumida na prestação de serviços – R$

Venda de Serviços Prestados
D – CLIENTES/Cliente A
C – RECEITA BRUTA DE VENDAS/Vendas de Serviços Prestados
Histórico – Venda conforme NF n° X – R$

Venda de Serviços Prestados com Substituição Tributária
D – CLIENTES/Cliente A
C – RECEITA BRUTA VENDAS/Vendas de Serviços Prestados com Substituição Tributária
Histórico – Venda conforme NF n° X – R$

Recebimento de Venda com Retenção de ISS na Fonte
D – CAIXA/Caixa Geral
D – DEDUÇÕES DA RECEITA BRUTA/ISS Substituição Tributária
C – CLIENTES/Cliente A
Histórico – Recebimento da NF n° com ISS retido na fonte – R$
Observação: No provisionamento do Simples Nacional deve ser excluída da base de cálculo a receita de venda de serviço com substituição tributária, por ocasião do preenchimento do DAS (Documento de Arrecadação do Simples Nacional)

Registro no Custo dos Serviços Prestados durante o Mês
D – CUSTO DAS VENDAS/Custo dos Serviços Prestados
C – PRODUÇÃO/De Serviços
Histórico – Valor da produção de serviços no mês X – R$

Encerramento das Contas de Custos de Serviços Prestados no Final de cada Período
D – PRODUÇÃO/De Serviços
C – Contas de materiais e de mão de obra empregados diretamente nos serviços prestados
Histórico – Transferência para encerramento do período X – R$

9.7.2 Optantes pelo Simples Nacional com Receita Bruta Anual acima do Limite do Subteto Estadual ou Não Optante pelo Simples

Observação: Os fatos contábeis exemplificados no item anterior (Optantes pelo Simples Nacional com Receita Bruta Anual até o Limite do Subteto Estadual), quando for o caso e observadas as particularidades, aplicam-se por integral às empresas prestadoras de serviços optantes pelo Simples Nacional, com receita bruta anual acima do limite do subteto estadual ou quando se tratar de empresas prestadoras de serviços não optantes pelo Simples Nacional.

Recebimento de Venda com Retenção do ISS na Fonte
D – CAIXA/Caixa Geral
D – IMPOSTOS A RECUPERAR/ISSF
C – CLIENTES/Cliente A
Histórico – Recebimento da NF n° X com retenção de ISS na fonte – R$

Provisionamento do ISS no Final do Mês
D – DEDUÇÕES DA RECEITA BRUTA/ISS
C – OBRIGAÇÕES TRIBUTÁRIAS/ISS a Recolher
Histórico – Provisionamento do ISS relativo ao mês X – R$

Registro da Recuperação do ISS Retido na Fonte
D – OBRIGAÇÕES TRIBUTÁRIAS/ISS a Recolher
C – IMPOSTOS A RECUPERAR/ISSF
Histórico – Valor do ISS retido na fonte compensado n/mês – R$

10
Aspectos Gerais das Formas de Tributação das PMES

No sistema tributário brasileiro as pessoas jurídicas têm três alternativas para definir sua forma de tributação e consequente cumprimento de suas obrigações tributárias. A definição de qual forma adotar vai depender de vários fatores como características gerais da empresa, setor de atividade, natureza de seu objeto social, tamanho de seu porte, legislação aplicável. O contador terá papel fundamental no sentido de mostrar à administração da entidade quais caminhos tomar.

Este capítulo abordará as linhas gerais de cada alternativa de tributação, inclusive propondo mais adiante um exercício evidenciando essas formas de cálculo, colocando a teoria na prática. A participação do contador no processo de escolha de qual alternativa adotar será decisiva para os empresários, pois os fatores que devem ser levados em conta para a tomada de decisão são amplamente discutidos ao longo do Curso de Ciências Contábeis e é uma prerrogativa dos contadores. Aos empresários que estiverem lendo esse livro, fica a recomendação de que busquem um profissional de contabilidade antes de se decidirem por qual sistema de cálculo tributário sua empresa vai atuar, lembrando que escolhas mal feitas vão gerar efeitos ao longo de todo o ano pois é proibida a alteração de sistema durante o exercício fiscal. E no exercício que será proposto adiante ficará evidente o quanto a empresa poderá economizar ao fazer a escolha certa.

As alternativas de tributação existentes no Brasil atualmente são por Lucro Real, Lucro Presumido e Simples Nacional. Há uma quarta alternativa, esta porém dependerá de questões legais como o Lucro Arbitrado e não se recomenda que a empresa dê margens para a autoridade responsável obrigar o recolhimento de impostos por esta modalidade.

10.1 Tributação pelo Lucro Real

Esta é a regra geral para a apuração do Imposto de Renda Pessoa Jurídica (IRPJ), da Contribuição Social sobre o Lucro Líquido (CSLL) da pessoa jurídica e também a forma mais complexa, com o imposto de renda sendo determinado a partir do lucro contábil apurado anualmente (Demonstrativo de Resultados), utilizando o LALUR (Livro de Apuração do Lucro Real), mediante adições e exclusões ao lucro líquido do período de apuração, positivos ou negativos, determinados pela legislação fiscal.

Lucro (Prejuízo) Contábil:
(+) Ajustes fiscais positivos (adições)
(-) Ajustes fiscais negativos (exclusões)
(=) Lucro Real ou Prejuízo Fiscal do período

Obviamente que, na hipótese de Prejuízo ao final do cálculo, não haverá imposto a pagar.

Empresas que operam com margens muito pequenas de lucro (supermercados, por exemplo) geralmente optam pelo sistema do lucro de real. Porém, é necessário também considerar a Contribuição Social e as contribuições para o PIS/COFINS, já que a decisão por uma forma ou outra de tributação afeta todos esses tributos.

Há que considerar que determinadas empresas são obrigadas pela legislação à adoção do regime por Lucro Real, a exemplo dos bancos comerciais, de investimento e desenvolvimento, sociedades de crédito imobiliário, corretoras de títulos e valores mobiliários e cambiais, empresas de arrendamento mercantil, cooperativas de crédito, empresas de seguros privados e de capitalização e entidades de previdência privada, empresas de fomento mercantil (*factoring*), empresas que tiverem lucros, rendimentos ou ganhos de capital provenientes do exterior (não confundir com receitas de exportação de mercadorias e serviços que também podem optar pelo Lucro Presumido desde que não estejam incluídas nas situações de vedação).

O Lucro Real é mais adotado pelas médias e grandes empresas já que sua apuração requer maiores controles e contabilidade detalhada. Apesar de demandar mais responsabilidades e investimentos, tal regime de tributação permite que algumas medidas possam ser aplicadas para a economia de tributos. Assim, faz-se necessário maior entendimento sobre a adoção do Lucro Real e seus benefícios para as entidades, demandando profunda análise para verificação da viabilidade ou não de opção por esta forma de tributação.

10.2 Tributação pelo Lucro Presumido

Esta é a forma de tributação simplificada do Imposto de Renda das Pessoas Jurídicas (IRPJ) e Contribuição Social sobre o Lucro (CSLL), regulamentada pela Legislação do Imposto de Renda, para empresas que quiserem optar, desde que tenham receita bruta total igual ou inferior a R$ 78 milhões ou a R$ 6,5 milhões multiplicado pelo número de meses de atividade no ano anterior quando inferior a 12 meses, e desde que não estejam obrigadas ao regime de tributação pelo lucro real. As alíquotas para cálculo do IRPJ e da CSLL são 15% e 9% respectivamente e incidem sobre o lucro presumido calculado com base na classificação estabelecida pela Receita Federal (valores atuais no ano de 2019).

O imposto com base no lucro presumido será determinado por períodos de apuração trimestrais, encerrados nos dias 31 de março, 30 de junho, 30 de setembro e 31 de dezembro de cada ano.

As alíquotas do imposto para presumir o lucro variam de acordo com o tipo de atividade que a empresa exerce, no intervalo entre 1,6% até 32% sobre o faturamento. Ou seja, apura-se o lucro a ser tributado aplicando o percentual, conforme a atividade da empresa, sobre a receita trimestral tributável e assim se determina o lucro presumido tributável.

Esta é a classificação estipulada pela legislação para determinar quanto do faturamento será considerado lucro tributável:

- 1,6% do faturamento para revenda de combustíveis e gás natural;
- 8% do faturamento para vendas em geral, transporte de cargas, atividades de imobiliárias, serviços hospitalares; industrialização para terceiros com recebimento do material e demais atividades não especificadas que não sejam prestação de serviços;
- 16% do faturamento para transporte que não seja de cargas e serviços em geral;
- 32% do faturamento para serviços profissionais que exijam formação técnica ou acadêmica, como, por exemplo, advocacia, engenharia, arquitetura, psicologia, medicina, intermediação de negócios, administração de bens móveis ou imóveis, locação ou cessão desses mesmos bens, construção civil e serviços em geral.

Após calcular o montante de lucro presumido conforme os percentuais de presunção, trimestralmente deverão ser calculados respectivamente sobre este valor trimestral o IRPJ, à razão de 15% e a CSLL (Contribuição Sobre o Lucro Líquido), à razão de 9%. A estes valores, para completar a carga tributária da empresa, deverão ser somados o ISS (Imposto Sobre Serviços), ICMS (Imposto Sobre Circulação de Mercadorias e de Serviços), IPI (Imposto Sobre Produtos Industrializados), PIS e COFINS, conforme a empresa for contribuinte ou não destes tributos, e ainda os encargos sobre Folha de Pagamentos. Veja exemplo de cálculo adiante, em comparação com o sistema do Simples Nacional.

Observações: conforme Art. 4.º da Lei 9.430/1996, a parcela do lucro real, presumido ou arbitrado, que exceder o valor resultante da multiplicação de R$ 20.000,00 (vinte mil reais) pelo número de meses do respectivo período de apuração, sujeita-se à incidência de adicional de imposto de renda à alíquota de dez por cento.

Em função do elevado volume de alterações, fato comum no sistema legal brasileiro, incluindo o segmento tributário, fator que pode vir a alterar alíquotas e formas de aplicação dos tributos, recomenda-se, antes de tomada de qualquer decisão, consultar um contador experiente para verificar as condições da tributação no momento em que precisar.

Os cálculos que serão efetuados neste livro, para mostrar como se calculam os tributos pelo Lucro Presumido e pelo Simples Nacional, observarão as condições atuais dessas formas de tributação, tornando necessária sua revisão por ocasião da tomada efetiva de decisão, pois as condições que ora estão vigentes, podem ser alteradas.

10.3 Tributação pelo Simples Nacional

Retomando o conteúdo do Capítulo 5 em que foram tratados aspectos gerais do Simples Nacional, será explicada agora a forma de cálculo dos tributos a pagar conforme esse sistema, pois é uma das alternativas disponíveis mais utilizadas pelas pequenas e médias empresas. Informação essencial para essa alternativa de tributação é a entidade manter controle e ter sempre à mão a Receita Bruta mensal dos últimos 12 meses anteriores ao mês objeto do cálculo pois este somatório anual será necessário para duas finalidades: primeiro para determinar na tabela respectiva em que a empresa se enquadra a faixa de faturamento para obter a alíquota base e a parcela a deduzir e depois esse somatório anual será utilizado na fórmula de cálculo mencionada na LC 155/2016 para determinar qual será a alíquota efetiva a ser aplicada sobre a Receito Bruta do mês para a determinação do imposto a pagar, conforme determina seu Art. 18.

10.4 Tabelas de Incidência do Simples Nacional

A LC 155/2016 estabelece 5 tabelas para enquadramento conforme o tipo de atividade. Logo abaixo de cada uma dessas 5 tabelas segue-se tabela com o esquema de distribuição/destinação desses valores às competências devidas.

Anexo I

Atividade de Comércio - Alíquotas e Partilha do Simples Nacional – Comércio

Receita Bruta em 12 Meses (em R$)		Alíquota	Valor a Deduzir (em R$)
1a Faixa	Até 180.000,00	4,00%	-
2a Faixa	De 180.000,01 a 360.000,00	7,30%	5.940,00
3a Faixa	De 360.000,01 a 720.000,00	9,50%	13.860,00
4a Faixa	De 720.000,01 a 1.800.000,00	10,70%	22.500,00
5a Faixa	De 1.800.000,01 a 3.600.000,00	14,30%	87.300,00
6a Faixa	De 3.600.000,01 a 4.800.000,00	19,00%	378.000,00

Partilhas dos valores arrecadados conforme tabela anterior

Faixas	Percentual de repartição dos tributos					
	IRPJ	CSLL	Cofins	PIS/Pasep	CPP	ICMS
1ª Faixa	5,50%	3,50%	12,74%	2,76%	41,50%	34,00%
2ª Faixa	5,50%	3,50%	12,74%	2,76%	41,50%	34,00%
3ª Faixa	5,50%	3,50%	12,74%	2,76%	42,00%	33,50%
4ª Faixa	5,50%	3,50%	12,74%	2,76%	42,00%	33,50%
5ª Faixa	5,50%	3,50%	12,74%	2,76%	42,00%	33,50%
6ª Faixa	13,50%	10,00%	28,27%	6,13%	42,10%	-

Anexo II

Atividade de Indústria - Alíquotas e Partilha do Simples Nacional – Indústria

Receita Bruta em 12 Meses (em R$)		Alíquota	Valor a Deduzir (em R$)
1a Faixa	Até 180.000,00	4,50%	-
2a Faixa	De 180.000,01 a 360.000,00	7,80%	5.940,00
3a Faixa	De 360.000,01 a 720.000,00	10,00%	13.860,00
4a Faixa	De 720.000,01 a 1.800.000,00	11,20%	22.500,00
5a Faixa	De 1.800.000,01 a 3.600.000,00	14,70%	85.500,00
6a Faixa	De 3.600.000,01 a 4.800.000,00	30,00%	720.000,00

Partilhas dos valores arrecadados conforme tabela anterior

Faixas	Percentual de repartição dos tributos						
	IRPJ	CSLL	Cofins	PIS/Pasep	CPP	IPI	ICMS
1ª Faixa	5,50%	3,50%	11,51%	2,49%	37,50%	7,50%	32,00%
2ª Faixa	5,50%	3,50%	11,51%	2,49%	37,50%	7,50%	32,00%
3ª Faixa	5,50%	3,50%	11,51%	2,49%	37,50%	7,50%	32,00%
4ª Faixa	5,50%	3,50%	11,51%	2,49%	37,50%	7,50%	32,00%
5ª Faixa	5,50%	3,50%	11,51%	2,49%	37,50%	7,50%	32,00%
6ª Faixa	8,50%	7,50%	20,96%	4,54%	23,50%	35,00%	-

Anexo III

Atividade de Serviços e Locação de Bens Móveis - Alíquotas e Partilha do Simples Nacional - Receitas de Locação de Bens Móveis e de Prestação de Serviços não relacionados nos §§ 5º- C do art. 18 desta Lei Complementar.

Receita Bruta em 12 Meses (em R$)		Alíquota	Valor a Deduzir (em R$)
1a Faixa	Até 180.000,00	6,00%	-
2a Faixa	De 180.000,01 a 360.000,00	11,20%	9.360,00
3a Faixa	De 360.000,01 a 720.000,00	13,50%	17.640,00
4a Faixa	De 720.000,01 a 1.800.000,00	16,00%	35.640,00
5a Faixa	De 1.800.000,01 a 3.600.000,00	21,00%	125.640,00
6a Faixa	De 3.600.000,01 a 4.800.000,00	33,00%	648.000,00

As atividades de locação de bens móveis serão tributadas na forma do Anexo III desta Lei Complementar, deduzindo-se da alíquota o percentual correspondente ao ISS previsto nesse Anexo;

As atividades de prestação de serviços de comunicação e de transportes interestadual e intermunicipal de cargas serão tributadas na forma do Anexo III, deduzida a parcela correspondente ao ISS e acrescida a parcela correspondente ao ICMS prevista no Anexo I;

Para ver outras atividades enquadradas no Anexo III, consulte a LC.

Partilhas dos valores arrecadados conforme tabela anterior

Faixas	Percentual de repartição dos tributos					
	IRPJ	CSLL	Cofins	PIS/Pasep	CPP	ISS (*)
1ª Faixa	4,00%	3,50%	12,82%	2,78%	43,40%	33,50%
2ª Faixa	4,00%	3,50%	14,05%	3,05%	43,40%	32,00%
3ª Faixa	4,00%	3,50%	13,64%	2,96%	43,40%	32,50%
4ª Faixa	4,00%	3,50%	13,64%	2,96%	43,40%	32,50%
5ª Faixa	4,00%	3,50%	12,82%	2,78%	43,40%	33,50% (*)
6ª Faixa	35,00%	15,00%	16,03%	3,47%	30,50%	-

(*) O percentual efetivo máximo devido ao ISS será de 5%, transferindo-se a diferença, de forma proporcional, aos tributos federais da mesma faixa de receita bruta anual.

Sendo assim, na 5a faixa, quando a alíquota efetiva for superior a 14,92537%, a repartição será:

	IRPJ	CSLL	Cofins	PIS/Pasep	CPP	ISS
5ª Faixa, com alíquota efetiva superior a 14,93%	(alíquota efetiva 5%) × 6,02%	(alíquota efetiva 5%) × 5,26%	(alíquota efetiva 5%) × 19,28%	(alíquota efetiva 5%) × 4,18%	(alíquota efetiva 5%) × 65,26%	Percentual de ISS fixo em 5%

Anexo IV

Atividade de Serviços - Alíquotas e Partilha do Simples Nacional - Receitas decorrentes da prestação de serviços relacionados no § 5º-C do art. 18 desta Lei Complementar.

Receita Bruta em 12 Meses (em R$)		Alíquota	Valor a Deduzir (em R$)
1a Faixa	Até 180.000,00	4,50%	-
2a Faixa	De 180.000,01 a 360.000,00	9,00%	8.100,00
3a Faixa	De 360.000,01 a 720.000,00	10,20%	12.420,00

Receita Bruta em 12 Meses (em R$)		Alíquota	Valor a Deduzir (em R$)
4a Faixa	De 720.000,01 a 1.800.000,00	14,00%	39.780,00
5a Faixa	De 1.800.000,01 a 3.600.000,00	22,00%	183.780,00
6a Faixa	De 3.600.000,01 a 4.800.000,00	33,00%	828.000,00

Para ver as atividades enquadradas no Anexo IV, consulte a LC.

Partilhas dos valores arrecadados conforme tabela anterior

Faixas	Percentual de repartição dos tributos				
	IRPJ	CSLL	Cofins	PIS/Pasep	ISS (*)
1ª Faixa	18,80%	15,20%	17,67%	3,83%	44,50%
2ª Faixa	19,80%	15,20%	20,55%	4,45%	40,00%
3ª Faixa	20,80%	15,20%	19,73%	4,27%	40,00%
4ª Faixa	17,80%	19,20%	18,90%	4,10%	40,00%
5ª Faixa	18,80%	19,20%	18,08%	3,92%	40,00% (*)
6ª Faixa	53,50%	21,50%	20,55%	4,45%	-

(*) O percentual efetivo máximo devido ao ISS será de 5%, transferindo-se a diferença, de forma proporcional, aos tributos federais da mesma faixa de receita bruta anual. Sendo assim, na 5a faixa, quando a alíquota efetiva for superior a 12,5%, a repartição será:

Faixa	IRPJ	CSLL	Cofins	PIS/Pasep	ISS
5ª Faixa, com alíquota efetiva superior a 12,5%	Alíquota efetiva – 5%) × 31,33%	(alíquota efetiva – 5%) × 32%	Alíquota efetiva – 5%) × 30,13%	Alíquota efetiva – 5%) × 6,54%	Percentual de ISS fixo em 5%

Anexo V

Alíquotas e Partilha do Simples Nacional - Receitas decorrentes da prestação de serviços relacionados no § 5º I do art. 18 desta Lei Complementar

Receita Bruta em 12 Meses (em R$)		Alíquota	Valor a Deduzir (em R$)
1a Faixa	Até 180.000,00	15,50%	-
2a Faixa	De 180.000,01 a 360.000,00	18,00%	4.500,00

Receita Bruta em 12 Meses (em R$)		Alíquota	Valor a Deduzir (em R$)
3a Faixa	De 360.000,01 a 720.000,00	19,50%	9.900,00
4a Faixa	De 720.000,01 a 1.800.000,00	20,50%	17.100,00
5a Faixa	De 1.800.000,01 a 3.600.000,00	23,00%	62.100,00
6a Faixa	De 3.600.000,01 a 4.800.000,00	30,50%	540.000,00

As atividades de prestação de serviço elencadas no § 5.º-I, Art. 18, tributadas pelo Anexo V, da Lei Complementar 123/2006, deverão observar a relação entre gastos com pessoal e faturamento acumulado nos últimos 12 meses e se esse índice for igual ou superior a 28% serão tributadas pelo Anexo III (incentivo a empregar mão de obra com redução da carga tributária), caso seja inferior, permanecerão no mesmo anexo V.

Partilhas dos valores arrecadados conforme tabela anterior

Faixas	Percentual de repartição dos tributos					
	IRPJ	CSLL	Cofins	PIS/Pasep	CPP	ISS
1ª Faixa	25,00%	15,00%	14,10%	3,05%	28,85%	14,00%
2ª Faixa	23,00%	15,00%	14,10%	3,05%	27,85%	17,00%
3ª Faixa	24,00%	15,00%	14,92%	3,23%	23,85%	19,00%
4ª Faixa	21,00%	15,00%	15,74%	3,41%	23,85%	21,00%
5ª Faixa	23,00%	12,50%	14,10%	3,05%	23,85%	23,50%
6ª Faixa	35,00%	15,50%	16,44%	3,56%	29,50%	-

10.5 Procedimentos para Calcular o Imposto a Pagar pelo Simples Nacional

O contribuinte do Simples deverá seguir as seguintes etapas:

10.5.1 1ª Etapa: Identificar qual a Tabela de Incidência

Considerando a atividade da empresa e o valor de sua Receita Bruta nos 12 meses anteriores ao mês objeto do cálculo, verificar em qual das 5 tabelas possíveis a empresa se enquadra e selecionar na faixa de Receita Bruta respectiva, a alíquota nominal e a parcela a deduzir.

Estas são as 5 tabelas do sistema:

- Atividade de comércio – Tabela I – Anexo I da LC 155/2016;
- Atividade de indústria – Tabela II – Anexo II da LC 155/2016;
- Atividade de Prestação de Serviços e Locação de Bens Móveis – Tabela III – § 5º B deste artigo e dos serviços vinculados à locação de bens imóveis e corretagem de imóveis desde que observado o disposto no inciso XV do art. 17 - Receitas de Locação de Bens Móveis e de Prestação de Serviços não relacionados nos §§ 5º-C e 5º-D do art. 18 desta Lei Complementar– Anexo III da LC 155/2016;
- Atividade de Prestação de Serviços – Tabela IV – conforme § 5º C do art. 18 – Anexo IV da LC 155/2016; e
- Atividade de Prestação de Serviços – Tabela V – conforme § 5º I do art. 18 – Anexo V da LC 155/2016.

10.5.2 2ª Etapa: Calcular qual a Alíquota Efetiva

Seguindo as determinações do Art. 18, utilizar a fórmula de cálculo para determinar a alíquota efetiva. Este cálculo partirá das alíquotas nominais e parcela a deduzir e deverá ser feito mensalmente pois a alíquota efetiva poderá variar de um mês para outro.

10.5.3 3ª Etapa: Calcular o Valor do Tributo a Pagar

Com a alíquota efetiva calculada, aplicar sobre a Receita Bruta do mês que se deseja apurar o valor do imposto e se obterá referido valor para o devido recolhimento.

10.6 Exemplo de Cálculo pelo Simples Nacional

O Art. 18 da LC 155/2016 traz a seguinte fórmula para determinação da alíquota efetiva:

$$\text{Alíquota Efetiva} = \frac{RBT12 \times \text{Alíquota} - PD}{RBT12}$$ onde:

RBT12 receita bruta acumulada nos doze meses anteriores ao período de apuração

Alíquota alíquota nominal constante dos Anexos I a V desta LC 155/2016

PD parcela a deduzir constante dos Anexos I a V desta LC 155/2016

Para demonstrar este cálculo, seguem os seguintes dados:

- Empresa – uma indústria – Fábrica de Bicicletas;
- Mês – agosto do ano 20XX;
- Receita bruta do mês – R$ 60.000,00;
- Receita bruta dos últimos 12 meses, a ser obtida pelo somatório das Receitas Brutas mensais de agosto do ano anterior a julho do ano 20XX = R$ 696.000,00.

A empresa do exemplo é uma fábrica e, por este motivo, se enquadra na Atividade de Indústria – Tabela II – Anexo II da LC 155/2016.

Identificar nesta tabela a faixa de Receita Bruta onde se enquadra o somatório dos 12 meses anteriores ao mês que se deseja calcular o tributo a pagar que a empresa do exemplo apresentou (R$ 696.000,00)

Anexo II

Atividade de Indústria - Alíquotas do Simples Nacional

Receita Bruta em 12 Meses (em R$)		Alíquota	Valor a Deduzir (em R$)
1a Faixa	Até 180.000,00	4,50%	-
2a Faixa	De 180.000,01 a 360.000,00	7,80%	5.940,00
3a Faixa	De 360.000,01 a 720.000,00	10,00%	13.860,00
4a Faixa	De 720.000,01 a 1.800.000,00	11,20%	22.500,00
5a Faixa	De 1.800.000,01 a 3.600.000,00	14,70%	85.500,00
6a Faixa	De 3.600.000,01 a 4.800.000,00	30,00%	720.000,00

	Intervalo de Receita Bruta	Alíquota	Parcela a Deduzir
3a Faixa	De 360.000,01 a 720.000,00	10,00%	13.860,00

Cálculo da alíquota efetiva pela fórmula

$$\frac{\text{RBT12} \times \text{Alíquota} - \text{PD}}{\text{RBT12}} = \frac{696.000,00 \times 10\% - 13.860,00}{696.000,00} = \frac{55.740,00}{696.000,00} = 0,0800$$

Valor do Imposto a pagar = Receita Bruta do mês × alíquota efetiva

Valor do Imposto a pagar = 60.000,00 x 0,0800 = 4.800,00

Como se pode observar, a base de tributação do Simples Nacional considera a Receita Bruta, por isso seu conceito deve ser bem entendido:

Conceito de Receita Bruta: considera-se receita bruta, para fins de aplicação do Simples Nacional, o produto da venda de bens e serviços nas operações de conta própria, o preço dos serviços prestados e o resultado nas operações em conta alheia (comissões pela intermediação de negócios), não incluídas as vendas canceladas e os descontos incondicionais concedidos.

Observações importantes:

1 – Sublimites de ICMS e ISS

A Resolução CGSN nº 136 estabeleceu sublimites para efeito de recolhimento de ICMS e ISS com os seguintes valores:

R$ 1.800.000,00 – Acre, Amapá e Roraima
R$ 3.600.000,00 – demais Estados e Distrito Federal

O limite anual de faturamento do SIMPLES NACIONAL a partir de 2018 é R$ 4.800.000,00. No entanto, para fins de recolhimento do **ICMS** e **ISS** terão vigência os sublimites acima descritos. A empresa que superar esses sublimites deverá quitar referidos impostos diretamente junto ao Estado, Distrito Federal ou Município.

2 – Tributação de Rendimentos Não-Operacionais – Ganhos de Capital – Toda empresa optante pelo SIMPLES NACIONAL ao vender algum bem ou direito deverá apurar o ganho de capital e pagar o imposto de renda daí decorrente com base nas seguintes alíquotas, determinadas pela Lei 13.259/2016:

1 - 15% sobre a parcela dos ganhos que não ultrapassar R$ 5.000.000,00

2 - 17,5% sobre a parcela dos ganhos que ficar entre R$ 5.000.000,00 e R$ 10.000.000,00

3 - 20% sobre a parcela dos ganhos que ficar entre R$ 10.000.000,00 e R$ 30.000.000,00

4 - 22,5% sobre a parcela dos ganhos que ultrapassar R$ 30.000.000,00

10.7 Exemplo de Cálculo do Imposto pelo Sistema do Lucro Presumido

Assim, como foi apresentado um exemplo de cálculo pela sistemática determinada pelo Simples Nacional, o mesmo será realizado agora pelo sistema de Lucro Presumido.

Posteriormente será realizado o mesmo cálculo do exemplo, porém pelo sistema do Simples Nacional, para que se possa comparar a diferença entre um sistema e outro.

Para este exemplo, considere uma Clínica Médica no 2º trimestre do ano 20XX. Lembrando ao leitor que na sistemática do Lucro Presumido, como já referido anteriormente, o cálculo do tributo deve ser realizado trimestralmente, nos meses de março, junho, setembro e dezembro.

Contribuinte – **Clínica Médica**

Período – **2.º Trimestre do ano 20XX**

Enquadramento da empresa conforme classificação de atividades:

Pelo tipo de atividade, clínica médica, a alíquota para presumir o lucro é 32%.

Faturamento mensal da Clínica no 2.º Trimestre

Abril	R$ 25.000,00
Maio	R$ 30.000,00
Junho	R$ 20.000,00

Outras Informações:

ISS vigente no município onde ela está sediada – 4%

PIS incidente – 0,65%

COFINS incidente – 3%

Para facilitar o cálculo os valores serão colocados na tabela abaixo (valores em R$):

	ABRIL	MAIO	JUNHO	TOTAL
FATURAMENTO	25.000,00	30.000,00	20.000,00	75.000,00
IR (15% sobre Lucro Presumido)	Aplicar alíquota de presunção do lucro sobre Faturamento total do trimestre e aplicar alíquota do IR 75.000,00 × 32% = 24.000,00 × 15%			3.600,00
CSLL (9% sobre Lucro Presumido)	Aplicar alíquota de presunção do lucro sobre Faturamento total do trimestre e aplicar alíquota da CSLL 75.000,00 × 32% = 24.000,00 × 9%			2.160,00
SUB-TOTAL IR + CSLL				**5.760,00**

Cálculo dos demais tributos	25.000,00	30.000,00	20.000,00	75.000,00
ISS – 4%	1.000,00	1.200,00	800,00	3.000,00
PIS – 0,65%	162,50	195,00	130,00	487,50
COFINS – 3%	750,00	900,00	600,00	2.250,00
SUB-TOTAL	**1.912,50**	**2.295,00**	**1.530,00**	**5.737,50**
SUB TOTAL INCLUINDO ISS + PIS + COFINS NO 2.º TRIMESTRE				**11.497,50**
INSS SOBRE FOLHA	3.000,00	3.000,00	3.000,00	9.000,00
TOTAL DE IMPOSTO A PAGAR PELO SISTEMA DO LUCRO PRESUMIDO: 20.497,50				

Na análise que deverá ser feita sobre qual sistema de cálculo adotar, há a necessidade de considerar ainda a incidência de outros tributos, como a Folha de Pagamento por exemplo, que vão se somar ao cálculo apurado na tabela para efeito de se encontrar a carga tributária total desta empresa.

Para efeito de simplificação dos cálculos para que se possa apurar qual sistema se apresenta como mais vantajoso para a Clínica Médica do exemplo, considere que os encargos de Folha de Pagamento nos três meses avaliados estejam restritos apenas ao INSS da parte da empresa, a razão de 20% sobre um montante constante de salários de R$ 15.000,00, resultando em valor a pagar de R$ 3.000,00/mês.

Assim, na tabela acima deve ser computado este valor de R$ 3.000,00 mensais somando ao cálculo do total a recolher em cada mês para obter o valor total da carga tributária.

O exemplo apontou Lucro Presumido de R$ 24.000,00 pelo cálculo de enquadramento para a atividade de Clínica Médica (75.000,00 x 32%) e a partir deste valor foram calculados os impostos a pagar. Se a empresa quisesse optar pela alternativa de apuração pelo Lucro Real, para adotar esta alternativa de tributação, o cálculo pelo Lucro Real, ao aplicar o LALUR (Livro de Apuração do Lucro Real) teria de encontrar valor menor que este obtido na tabela, após a soma do Lucro Líquido do Demonstrativo de Resultados com as adições e subtraídas as exclusões, para cálculo do Imposto de Renda. Os demais tributos devem ser somados, da mesma forma que na tabela acima. Deve ser considerado ainda que para utilização da alternativa do Lucro Real a Clínica precisaria manter contabilidade formal e completa para chegar a estes valores.

Após todos os cálculos o valor final a pagar de tributos para o 2.º trimestre para esta Clínica Médica do exemplo foi de R$ 20.497,50 considerando a alternativa de cálculo pela sistemática do Lucro Presumido. Acompanhe agora o desenvolvimento do cálculo para o mesmo período (2.º trimestre) considerando a alternativa de cálculo pela sistemática do Simples Nacional.

Considere que no Simples Nacional a parcela do INSS sobre folha (parte da empresa) já está incluída na alíquota de cálculo das tabelas, assim como o ISS, PIS e COFINS e, para chegar ao montante dos três meses, para efeito de comparação de alternativas, o cálculo deverá ser mensal, conforme manda a lei.

Como já mencionado anteriormente, para cálculo do tributo pelo Simples é necessário determinar as alíquotas efetivas. Para isso é preciso fazer o enquadramento da Clínica para determinar em qual tabela e em qual faixa ela se encontra e, para chegar a esta conclusão é necessário determinar a Receita Bruta acumulada nos 12 meses anteriores a cada mês em análise. Considere, então, que nos meses anteriores ao trimestre abril-maio-junho do ano 20XX a Clínica teve Receita Bruta constante de R$ 20.000,00 em cada mês. Desta forma tem-se a seguinte relação mensal:

ANO 20XX-1 –	Receita Bruta
ABRIL	20.000,00
MAIO	20.000,00
JUNHO	20.000,00
JULHO	20.000,00
AGOSTO	20.000,00
SETEMBRO	20.000,00
OUTUBRO	20.000,00

NOVEMBRO 20.000,00
DEZEMBRO 20.000,00

ANO 20XX
JANEIRO 20.000,00
FEVEREIRO 20.000,00
MARÇO 20.000,00

SOMATÓRIO DOS 12 MESES = 240.000,00

Trimestre em análise (o mesmo utilizado para o cálculo pelo Lucro Presumido)
ANO 20XX Receita Bruta
ABRIL 25.000,00
    soma dos 12 meses anteriores = 240.000,00
MAIO 30.000,00
    soma dos 12 meses anteriores
    240.000,00 − 20.000,00 + 25.000,00 = 245.000,00
JUNHO 20.000,00
    soma dos 12 meses anteriores
    245.000,00 − 20.000,00 + 30.000,00 = 255.000,00

Enquadramento da empresa Clínica Médica – Tabela III – Atividade de Serviços

2a Faixa	De 180.000,01 a 360.000,00	11,20%	9.360,00

Alíquota Nominal – 11,20%
Parcela a deduzir – 9.360,00
Pelo somatório dos 12 meses anteriores nos três meses objeto do cálculo, a Clínica fica enquadrada no mesmo intervalo de Receita Bruta da Faixa 2.
Cálculo da alíquota efetiva
Fórmula conforme Art. 18 – LC 155/2016

$$\frac{\text{RBT12} \times \text{Alíquota} - \text{PD}}{\text{RBT12}}$$

Para o mês de abril

$$\frac{240.000 \times 11,20\% - 9.360}{240.000} = 0,0730 \rightarrow 7,30\%$$

Para o mês de maio

$$\frac{245.000 \times 11,20\% - 9.360}{245.000} = 0,0738 \rightarrow 7,38\%$$

Para o mês de junho

$$\frac{255.000 \times 11,20\% - 9.360}{255.000} = 0,753 \rightarrow 7,53\%$$

Cálculo do imposto mensal pela alternativa do SIMPLES NACIONAL

Para o mês de abril   25.000,00 × 7,30% = 1.825,00
Para o mês de maio   30.000,00 × 7,38% = 2.214,00
Para o mês de junho   20.000,00 × 7,53% = 1.506,00
Total de imposto a recolher nos 3 meses:
    1.825,00 + 2.214,00 + 1.506,00 = 5.545,00
Comparativo de tributação no exemplo da Clínica Médica
    Pelo Lucro Presumido   20.497,50
    Pelo Simples Nacional   5.545,00

Portanto, como se observa no exemplo desta Clínica Médica, a opção de tributação pelo sistema do Simples Nacional é muito mais vantajosa pois resultará em valores a pagar bem inferiores ao sistema do Lucro Presumido. Porém isto não deve ser tomado como regra geral e a cada caso se recomenda fazer cálculos para apurar qual sistema é menos oneroso para a empresa e o profissional mais indicado para fazer este estudo é o contador.

10.8 Considerações Sobre o Lucro Arbitrado: Regulamento do Imposto de Renda Art. 530

Ocorrendo o enquadramento da empresa nesta condição de arbitramento de seu lucro para fins de tributação, o imposto será devido, como no Lucro Presumido, por períodos de apuração trimestrais, encerrados nos dias 31 de março, 30 de junho, 30 de setembro e 31 de dezembro de cada ano. Será utilizada esta forma de tributação quando ocorrer uma das seguintes situações, e determinado pela Autoridade Fiscal:

1 – O contribuinte, obrigado à tributação com base no lucro real, não mantiver escrituração na forma das leis comerciais e fiscais, ou deixar de elaborar as demonstrações financeiras exigidas pela legislação fiscal;
2 – A escrituração a que estiver obrigado o contribuinte revelar evidentes indícios de fraudes ou contiver vícios, erros ou deficiências que a tornem imprestável para identificar a efetiva movimentação financeira, inclusive bancária ou determinar o lucro real;
3 – O contribuinte deixar de apresentar à autoridade tributária os livros e documentos da escrituração comercial e fiscal, ou o Livro Caixa, quando este substituir a escrituração contábil;
4 – O contribuinte optar indevidamente pela tributação com base no lucro presumido;
5 – O comissário ou representante da pessoa jurídica estrangeira deixar de escriturar e apurar o lucro da sua atividade separadamente do lucro do comitente residente ou domiciliado no exterior;
6 – O contribuinte não mantiver, em boa ordem e segundo as normas contábeis recomendadas, Livro Razão ou fichas utilizadas para resumir e totalizar, por conta ou subconta, os lançamentos efetuados no Diário.

Ou poderá ser adotada essa forma de tributação pelo próprio contribuinte, quando conhecida a sua receita bruta.

O lucro será arbitrado mediante a aplicação dos mesmos percentuais definidos para cálculo do Lucro Presumido, considerando a atividade da empresa, acrescidos de 20%. A este valor deverão ser acrescidos os ganhos de capital, os rendimentos e ganhos líquidos auferidos em aplicações financeiras, as demais receitas e todos os resultados positivos obtidos pela pessoa jurídica, inclusive os juros recebidos como remuneração do capital próprio, os descontos financeiros obtidos, os juros ativos não decorrentes de aplicações e os demais resultados positivos. A tributação do imposto de renda, de forma análoga a do Lucro Presumido, é de 15% sobre o valor arbitrado.

10.9 O Simples Nacional na Visão dos Estados da Federação

Para finalizar este capítulo, cabe salientar que cada Estado da Federação, em respeito a sua autonomia e independência tributária nos tributos de sua competência, pode estipular condições diferenciadas que possam trazer benefícios adicionais ao Simples Nacional para as empresas optantes do sistema no âmbito do Estado. Assim, a título de exemplo, o Autor traz as determinações adotadas no estado do Rio Grande do Sul a este respeito, ficando a recomendação que cada profissional ou empresário, na sua jurisdição de atuação, verifique se o executivo estadual adota algum tipo de legislação complementar às determinações do Simples Nacional.

10.9.1 O Simples Gaúcho: Lei Nº 13.036/2008 Alterada pela Lei 15.057/2017

O Estado Rio Grande do Sul, mantendo sua tradição desde os primórdios de implantação do Simples no território nacional, adota política fiscal diferenciada, com benefícios adicionais às empresas gaúchas inscritas no Simples Nacional. Esses benefícios estão previstos na Lei RS 15.057/2017, que alterou a Lei RS 13.036/2008 e instituiu benefícios aplicáveis às empresas estabelecidas no Estado e enquadradas no Regime Especial Unificado de Arrecadação de Tributos e Contribuições devidos pelas Microempresas e Empresas de Pequeno Porte – Simples Nacional, com vigência a partir de 01/01/2018. Com essa modificação, o Rio Grande do Sul mantém o Simples Gaúcho, que já existia, adequando a tabela de descontos adicionais vigente ao novo sistema de cálculo do Simples Nacional introduzido pela LC 155/2016, adequando igualmente as faixas de desconto do ICMS, seguindo também as 5 faixas de redução, conforme se observa na tabela do sistema gaúcho.

As empresas gaúchas que aderiram ao Simples Nacional e que tenham receita bruta acumulada nos últimos 12 meses anteriores ao período de apuração conforme tabela, terão o seguinte tratamento quanto ao ICMS:

I – Igual ou inferior a R$ 360.000,00 são isentas do pagamento do ICMS
II – Entre R$ 360.000,00 e R$ 3.600.000,00, terão o ICMS previsto nos Anexos I e II da LC 155/2016, atividades de Comércio e Indústria respectivamente, reduzido nos percentuais a seguir:

Quadro 9

Tabela do Simples Gaúcho

Valores das Faixas	Novas Faixas	Reduções
De 0,00 até 180.000,00	1ª	100,00%
De 180.000,01 até 360.000,00	2ª	100,00%
De 360.000,01 até 720.000,00	3ª	40,00%
De 720.000,01 até 1.080.000,00 De 1.080.000,01 até 1.440.000,00 De 1.440.000,01 até 1.800.000,00	4ª	29,00% 24,00% 19,00%
De 1.800.000,01 até 2.700.000,00 De 2.700.000,01 até 3.240.000,00 De 3.240.000,01 até 3.420.000,00 De 3.420.000,01 até 3.600.000,00	5ª	18,00% 10,00% 6,00% 3,00%

Fonte: Lei RS 15.057 – 27/12/2017

11
Considerações Sobre a ECD e o eSocial

Considerando que o conteúdo deste livro interessa diretamente aos estudantes dos Cursos de Ciências Contábeis, portanto para contadores ainda em formação, cabe salientar que este tema da ECD e do eSocial já faz parte da rotina diária dos profissionais de contabilidade atuantes no mercado de trabalho e dos empresários que já estão há algum tempo estabelecidos. O motivo desse tema estar incluído nesta obra é alertar aos futuros contadores que precisarão se aprofundar nesses assuntos, pois será obrigatório a eles conhecer profundamente esses dois sistemas de recente implantação no Brasil para poderem exercer a atividade em respeito à legislação e às normas vigentes. Portanto, recomenda-se a busca da legislação, seu estudo detalhado e, se possível, a troca de experiências com os profissionais mais experientes que já trabalham com a utilização desses sistemas de informações.

O mesmo é válido para os futuros empreendedores e para os empresários que começaram suas atividades recentemente. A recomendação, além de buscar a legislação pertinente, é que conversem com o contador encarregado da sua contabilidade para entender as determinações destes dois importantes sistemas de informação.

A seguir as linhas gerais sobre estes sistemas.

11.1 ECD (Escrituração Contábil Digital)

Esse sistema é parte integrante do projeto SPED (Sistema Público de Escrituração Digital) instituído pelo Decreto Federal 6.022/2017 e alterado pelo Decreto Federal 7.979/2013, regulamentado pela Instrução Normativa da Receita Federal – IN RFB 1774/2017 (alterada pelas IN RFB 1856/2018 e IN RFB 1894/2019) e tem por objetivo a substituição da escrituração em papel pela escrituração transmitida via arquivo em versão digital dos seguintes livros, assinados digitalmente pelo Contador:

Livro Diário e seus auxiliares, se houver;

Livro Razão e seus auxiliares, se houver;

Livro Balancetes Diários, Balanços e fichas de lançamento comprobatórias dos assentamentos neles transcritos.

Deverão apresentar a ECD as pessoas jurídicas e equiparadas obrigadas a manter escrituração contábil nos termos da legislação comercial, inclusive entidades imunes e isentas.

Excluem-se dessa exigência as pessoas jurídicas optantes pelo Simples Nacional (LC 123/2006 – alterada pela LC 155/2016), exceto as ME ou EPP optantes pelo Simples Nacional que receberem aporte de investidor-anjo.

Investimento Anjo é o investimento efetuado por pessoas físicas com seu capital próprio em empresas nascentes com alto potencial de crescimento. É efetuado por profissionais (empresários, executivos e profissionais liberais) experientes, que agregam valor para o empreendedor com seus conhecimentos, experiência e rede de relacionamentos além dos recursos financeiros. Sua participação no negócio normalmente é minoritária e não tem posição executiva na empresa. Apoiam o empreendedor como se fosse um conselheiro, um consultor próximo.

Também se excluem dessa exigência os órgãos públicos, as autarquias e as fundações públicas, as pessoas jurídicas inativas, as pessoas jurídicas imunes e isentas que auferiram, no ano-calendário, receitas, doações, incentivos, subvenções, contribuições, auxílios, convênios e ingressos assemelhados cuja soma seja inferior a R$ 4.800.000,00 ou ao valor proporcional ao período a que se refere a escrituração contábil, as pessoas jurídicas tributadas com base no lucro presumido que mantiverem livro Caixa, no qual deverá estar escriturado toda a movimentação financeira, inclusive bancária. A IN RFB 1774 menciona ainda outras particularidades específicas, por isso se recomenda a leitura na íntegra desta normativa.

A ECD deve ser gerada por meio do Programa Gerador de Escrituração (PGE), desenvolvido pela RFB e disponibilizado na Internet, no endereço www.sped.rfb.gov.br. O PGE disponibiliza várias funcionalidades para processamento da ECD, a saber: criação e edição, importação de dados, validação, assinatura, visualização, transmissão para o SPED e recuperação do recibo de transmissão.

A ECD deve ser transmitida ao SPED até o último dia útil do mês de maio do ano seguinte ao ano-calendário a que se refere a escrituração. A autenticação dos livros e documentos que integram a ECD das empresas mercantis e atividades afins, conforme normas gerais do Registro do Comércio – Lei 8.934 /1994, será comprovada pelo recibo de entrega da ECD emitido pelo SPED, dispensada qualquer outra autenticação.

O CFC emitiu o Comunicado Técnico CTG 2001/2017 (R3) estabelecendo que a escrituração contábil em forma digital deve ser executada em conformidade com os preceitos estabelecidos na Interpretação Técnica Geral ITG 2000 que trata sobre "Escrituração Contábil" (conforme já tratado neste livro) e detalha os procedimentos a serem observados na escrituração contábil em forma digital em atendimento ao SPED (Recomenda-se a leitura na íntegra deste CTG 2001 (R3).

Observação Importante: o Decreto Federal 8.683/2016 dispensa a autenticação dos livros contábeis, quando a mesma for realizada através da ECD – Escrituração Contábil Digital.

11.2 eSocial

Esse sistema, que congrega informações da área trabalhista, instituído pelo Decreto Federal 8.373/2014 que pretendia tornar obrigatório no Brasil a partir de janeiro/2018, inicialmente para as empresas que tenham faturado em 2016 mais de R$ 78 milhões e para as demais a partir de julho/2018, vem sofrendo constantes críticas do Governo Federal que pretende simplificar sua plataforma no Portal do eSocial:, http://portal.esocial.gov.br.

A obrigação de envio de informações da área trabalhista já existia para os empregadores domésticos, e a intenção da ampliação para que todas as empresas que têm empregados em seus quadros também façam parte do sistema visava agrupar numa mesma plataforma todas as informações referentes às obrigações fiscais, trabalhistas e previdenciárias de forma unificada, reduzindo custos e tempo gastos pelas empresas com essas ações, de forma mais simples e eliminando várias ações que atualmente são necessárias.

O eSocial visava simplificar a atividade dos profissionais de contabilidade. A exemplo da ECD já existente no Sistema Público de Escrituração Digital (SPED), reunindo em um só sistema as informações contábeis das empresas, o eSocial tinha a intenção de ser considerado uma versão do SPED para receber as informações trabalhistas, reunindo todas as informações acessórias enviadas por meio de declarações como CAGED, RAIS, GFIP e DIRF.

O sistema do eSocial pretendia substituir quinze informações ao governo (incluindo a Folha de Pagamentos) por informação única englobando todos os dados, reduzindo a burocracia e beneficiando a classe trabalhadora. Estas providências facilitariam o acesso mais efetivo aos direitos trabalhistas e previdenciários. Estas informações vinham sendo cobradas de forma individual, gerando um processo burocrático para cada tipo de informação e o eSocial substituir todas essas coisas por um procedimento único com as informações sendo enviadas e ficando tudo disponível "online".

Esta é a lista dos documentos atualmente integrantes do eSocial:

- Folha de Pagamentos;
- Cadastro Geral de Empregados e Desempregados (CAGED);
- Guia de Recolhimento do FGTS e de Informações à Previdência Social (GFIP);
- Carteira de Trabalho e Previdência Social (CTPS);

- Comunicação de Acidente de Trabalho (CAT);
- Livro de Registro de Empregados (LRE);
- Relação Anual de Informações Sociais (RAIS);
- Comunicação de Dispensa (CD);
- Perfil Profissiográfico Previdenciário (PPP);
- Declaração de Débitos e Créditos Tributários Federais (DCTF);
- Declaração do Imposto de Renda Retido na Fonte (DIRF);
- Quadro de Horário de Trabalho (QHT);
- Manual Normativo de Arquivos Digitais (MANAD);
- Guia da Previdência Social (GPS); e
- Guia de Recolhimento do FGTS (GRF).

O novo Governo Federal que tomou posse em 2019, entretanto, está estudando formas de simplificar o sistema se propondo a reduzir à metade o volume de informações atualmente exigidas e pretende extinguir ou modificar de forma significativa a situação atual, lançando novo sistema a partir do ano de 2020. Portanto, não adianta entrar em maiores detalhes agora em função dessas possíveis modificações para breve.

O que se recomenda é que os profissionais de contabilidade e os empresários fiquem atentos para cumprir as determinações atuais conforme legislação vigente e as novas que surgirão, por enquanto sob a forma de Portarias Regulamentadoras, até que se implante nova sistemática.

12
Orientações Úteis para a Boa Gestão Empresarial – Controles Internos

12.1 Noções Gerais

Nos próximos três capítulos serão analisados importantes tópicos referentes à gestão empresarial. Os controles internos, embora sejam mais desenvolvidos nas empresas de porte maior, também podem ser estudados e aplicados nas pequenas e médias empresas, servindo de base sólida para o crescimento das mesmas. É comum ver empresas crescerem de forma desordenada e acabarem tendo sérios problemas de gestão ou, até mesmo, "morte" prematura pelo descontrole. Este capítulo é dedicado aos controles internos. Os outros dois capítulos voltados à gestão empresarial tratarão respectivamente das Operações Especiais mais comumente utilizadas pelas empresas e dos Títulos de Crédito. Estes dois tópicos constituem importantes instrumentos de gestão empresarial, não importando o porte da empresa. O motivo de estarem aqui neste livro é muito simples. Contadores e administradores precisam conhecer a forma como as empresas atuam. Quanto mais conhecimento tiverem neste sentido, com mais desenvoltura realizarão seu trabalho. Para os futuros empreendedores e para os empresários iniciantes, conhecer estes instrumentos vai facilitar a gestão empresarial.

Já foi analisado nos conteúdos disponibilizados neste livro e, certamente, nas disciplinas dos Cursos de Ciências Contábeis e

Administração, que a contabilidade é fundamental fonte de informação para a tomada de decisões dos empresários. Neste particular, ganha importante destaque a questão da qualidade das informações utilizadas pelo contador para produzir os documentos contábeis, tanto os documentos obrigatórios pela legislação, como os documentos de cunho gerencial, para que os administradores e empresários possam tomar decisões com base técnica. Por isso a coleta dos dados que servirão de base para a contabilidade deve ser feita de forma confiável, de tal modo que produzam informações corretas sobre a entidade. Para isso, é fundamental que a entidade mantenha sistema de controle interno adequado e que estabeleça procedimentos e rotinas administrativas para proteger os ativos da empresa e assim produzir dados contábeis confiáveis e ajudar a administração na condução ordenada dos negócios da entidade. Agindo dessa forma, mantendo sistema de controle interno eficiente, as empresas poderão se prevenir para que eventuais falhas, erros ou fraudes, sejam detectadas a tempo de tomar providências cabíveis para saná--las e evitar prejuízos.

Fator fundamental a considerar na avaliação desses controles é o porte e a complexidade da entidade pois, quanto maior e complexa for a atividade, maior será a demanda por sistemas de controle interno mais bem estruturados.

Os sistemas de controle interno vão variar em sua complexidade e, obviamente, custos, proporcionalmente à complexidade operacional da empresa. Essa diversidade de complexidade pode ser bem ilustrada com os exemplos a seguir, de duas empresas, um Estaleiro de Construção Naval e uma Fábrica de Postes Padronizados de Concreto.

Um Estaleiro de Construção Naval tem fluxo de produção que requer milhares de empregados em inúmeros setores. A rotina operacional de produção de um navio pode superar facilmente 1 a 2 anos, se consideradas as fases de Projeto até a entrega do produto final. Uma fábrica de um único produto em linha como postes padronizados de concreto vai demandar rotina operacional muito simples, pouca quantidade de empregados e facilidade na estruturação dos controles. É fácil concluir que as necessidades para os controles internos nessas duas empresas serão muito diferentes entre si, sendo que no estaleiro a complexidade para a montagem do sistema de controle deverá envolver dificuldades muito maiores do que na fábrica de postes.

A atribuição de responsabilidades aos diversos setores da empresa para preservação dos ativos da entidade também deve ser bem estabelecida, possibilitando assim condições de prever e descobrir possíveis erros e fraudes dentro da empresa, pelo estabelecimento de rotinas de verificação e revisão dos diversos fluxos internos nas áreas administrativas e de produção. Com isso se obtém maior confiabilidade e segurança nas informações geradas pelo sistema.

O sistema de controle interno deve começar pela elaboração do Planejamento e da Programação das atividades que deverão ser executadas com base nesse estudo inicial. Sistematicamente deve ser feita comparação do **previsto** com o **realizado** para analisar possíveis distorções e os motivos que levaram a isso para, em seguida, adotar as medidas corretivas para restabelecer as condições incialmente planejadas e programadas.

12.2 Recomendações Importantes para a Eficácia de Sistemas de Controle Interno

A seguir algumas providências e recomendações que serão úteis para compreender esta questão.

12.2.1 Responsabilidade e Hierarquia

A responsabilidade deve ser estabelecida pela Administração conforme a hierarquia dos setores. Em qualquer organização, deve ser identificada a relevância de cada setor, seja pelo seu grau de importância no processo operacional da empresa, seja pelo volume de recursos que este setor movimenta e, assim, estabelecer níveis hierárquicos neste setor, podendo até mesmo atribuir o "status" de uma diretoria. Por exemplo, se a empresa necessitar de muita mão de obra, poderá considerar que este setor esteja a cargo de uma Diretoria Administrativa e de Recursos Humanos, tendo abaixo uma ou duas gerências e quantos outros setores forem necessários para o bom andamento, como exemplo, recrutamento e seleção, treinamento, assistência social, medicina e segurança do trabalho, entre outros. Se, por outro lado a empresa não depender tanto de mão de obra, poderá manter este setor dentro de um âmbito mais geral, como, por exemplo, Diretoria Administrativa e Financeira.

12.2.2 Contabilização das Operações

A responsabilidade pelo desenvolvimento das operações e sua contabilização devem ser de departamentos diferentes. É um princípio básico de controle. Mesmo em empresas com elevado grau de informatização, onde a introdução dos dados no sistema de informação é feita pelo próprio departamento que efetua as transações, o controle do registro contábil deve ser de responsabilidade do departamento contábil, que assim mantem o controle sobre a contabilização da transação.

12.2.3 Hierarquia e Autoridade para Aprovação de Operações

Deve existir na empresa o respeito à hierarquia e isso inclui a determinação pela administração dos níveis de decisão, ou seja, qual nível hierárquico terá autoridade para aprovar determinadas operações, conforme a importância e custo destas operações. Por exemplo, se um veículo de uso do setor administrativo estragar, deverá ser feita por quem tiver autoridade para tal, avaliação se o veículo será consertado pela própria oficina da empresa (caso ela tenha esse setor) ou se manda consertar fora, considerando aspectos da necessidade do veículo pelo setor, do prazo de conserto e dos custos envolvidos.

12.2.4 Rotina de Compras

Normalmente nas empresas, a área de compras consome elevado percentual dos gastos mensais. Por este motivo, toda e qualquer compra deve seguir uma rotina segura, com estabelecimento de níveis hierárquicos de decisão.

Um sistema muito utilizado é a determinação para que o comprador pesquise a compra em pelo menos três fornecedores especializados, monte um mapa de cotação dos valores, onde vai colocar preço unitário, impostos, prazo de entrega, condições de pagamento, isto para cada item a ser comprado. O mapa resultante dessa cotação deverá ser levado para aprovação de seu supervisor que terá ainda de discutir com seu chefe ou gerente de compras e este, finalmente, aprovar a compra com uma autoridade superior. Esta rotina pode parecer muito burocrática e possivelmente demorada, mas há que se considerar, no entanto, que pelo departamento de compras passa um dos grandes volumes de gastos em qualquer empresa e, neste caso, a burocracia vem em favor da segurança e da criação de condições favoráveis para a eliminação de possíveis fraudes. Uma forma de se minimizar a burocracia é a direção da empresa estabelecer limites para aprovação de gastos com compras, dando ao gerente do setor determinada autonomia de decisão, evitando acesso a níveis superiores em compras de até determinado valor.

Contratação de Mão de Obra: outro exemplo de operação que requer aprovações de autoridades é a contratação de mão de obra, tanto na parte operacional como em elevados escalões. Deverá haver rotina bem definida para que uma contratação seja autorizada, podendo inclusive chegar ao detalhe de consultar o orçamento operacional da empresa, caso ela adote este instrumento. Os gastos com recursos humanos constituem, assim como compras, volume de gastos considerável nas empresas e não se pode deixar que as contratações ocorram sem que haja controle e aprovação de quem tenha designação de autoridade para isto, com definição prévia pela administração. O recomendado aqui é que haja uma rotina pré-estabelecida onde o setor que necessita contratar faça a solicitação e que esta solicitação siga um caminho de aprovações, até chegar ao setor encarregado para recrutar e contratar.

Segregação de Atividades e Responsabilidades: nenhum empregado, por mais qualificado que seja, deve ter sob seu comando a responsabilidade integral sobre uma determinada operação, para evitar a facilidade para ocultar possíveis fraudes. Assim, quem faz a compra de determinadas matérias primas não deve ser a pessoa que vai receber estes materiais por ocasião da entrega, devendo esta tarefa estar a cargo de outro setor, normalmente o almoxarifado, que tomará a ordem de compra emitida e fará a comparação com os dados da nota fiscal que está acompanhando a entrega destes materiais. Desta maneira, se alguma fraude foi estabelecida entre o comprador e o fornecedor, a chance de descobrir esta fraude é muito maior com a segregação da atividade.

Outro exemplo de segregação saudável de atividades pode ser praticado em aplicações financeiras. A decisão de escolha da aplicação financeira de sobras de caixa diárias na empresa e sua efetivação não deve ser feita pela mesma pessoa. O ideal é que a Tesouraria comunique ao gerente da área que há sobra de caixa no dia. Com esta informação, o gerente da área deverá pesquisar as opções existentes no mercado e, se for o caso, em função de alçada de valor, vá discutir a operação com seu diretor. Assim se evita que a mesma pessoa pesquise e escolha sozinha qual aplicação fazer, podendo dar margens a desvios de parte dessa aplicação para proveito próprio, até mesmo por oferta do pessoal responsável no agente financeiro que propõe a aplicação. É bom salientar que, neste caso, não é salutar a demasiada familiaridade entre o gerente financeiro da empresa e os responsáveis pelas contas da empresa no agente financeiro, devendo haver frequente controle sobre estas operações, inclusive com acompanhamento isento da contabilidade.

Assinatura de Cheques: providência muito saudável em termos de controle da área financeira é que os cheques tenham assinatura conjunta sempre de dois procuradores na empresa. Muitas empresas adotam a sistemática de que a Tesouraria emita os cheques do dia, após discussão conjunta com o gerente da área, à luz do Fluxo de Caixa da entidade. Assim, os cheques, após emissão pela Tesouraria, são levados para a assinatura do gerente responsável e, posteriormente, vão para assinatura de outro procurador, que poderá ser um outro gerente, ou um diretor e que sempre acompanhem os cheques os processos respectivos de pagamento com as devidas aprovações. É comum nas empresas pequenas que apenas um dos sócios assine os cheques, normalmente o sócio majoritário. Esta prática não é salutar e pode dar margem futura a desconfianças e sérios desentendimentos entre os sócios e, obviamente, possibilidade de desvios de caixa.

O Processo de Pagamento: um exemplo bem simples e fácil de entender para mostrar como pode ser feito um processo de liberação de pagamento é o pagamento de despesas de hotel, referentes à viagem efetuada por um engenheiro para prestar assistência técnica em outra cidade. Ao chegar a fatura do hotel, esse engenheiro deverá conferir para ver se está tudo correto, assinar os documentos e montar a solicitação de pagamento. Em seguida, envia para sua chefia que confirma a solicitação, envia para a diretoria da área e, finalmente, siga o processo de pagamento para a Tesouraria para a emissão do respectivo cheque. Nada impede que os dois procuradores que devem assinar o cheque posteriormente possam questionar alguma coisa no processo, caso não estejam totalmente convencidos que esteja tudo correto, e solicitem explicações a quem fez as autorizações até o processo chegar à Tesouraria.

12.2.5 A Salutar Rotatividade de Empregados

Providência muito adotada por empresas com eficientes sistemas de controle interno é promover a rotatividade dos empregados, de tempos em tempos, alterando suas funções e poder de decisão em áreas diferentes. Fazendo isso a empresa reduz a dependência de determinados empregados que, se perpetuando em determinada função, se tornam quase insubstituíveis e a empresa pode acabar ficando refém desses empregados por ninguém mais saber fazer a sua função. Dessa forma, adotando a rotatividade, um bom contingente de profissionais acaba ficando apto a desempenhar as funções importantes na empresa e isso também oxigena e contribui para a descoberta de novos métodos e processos que esses empregados poderão trazer ao exercerem outras funções. E não se afasta, com esta providência, a possível descoberta de fraudes pelo novo ocupante do cargo.

12.2.6 A Questão das Férias

Sistemas de controle interno eficientes recomendam ao Departamento de Recursos Humanos a observar rigorosamente a questão das férias, através de programação que faça com que todos os empregados gozem férias regularmente. Essa providência é salutar pelo ponto de vista do empregado que precisa de descanso, além de ser um direito trabalhista. Deixar o empregado acumular férias para depois "vendê-las" não é boa política pois, além de criar dependência do trabalho desse empregado, fere uma norma legal e esse empregado poderá cobrar isso na Justiça do Trabalho posteriormente. Contribuir ou incentivar para que alguém não tire férias pode ser cômodo para a administração, mas, além de criar os problemas trabalhistas já mencionados, pode encobrir fraudes e erros que eventualmente esse empregado possa estar cometendo e, ao não sair de férias, com a indicação de outro empregado para substituí-lo no período, eventuais fraudes não serão descobertas no seu setor. A entrada de uma pessoa que substitua o empregado que sai de férias possibilita a descoberta de possíveis fraudes ou erros que existam nesse setor e faz com que o empregado saiba que ele não é insubstituível.

12.2.7 Manual de Normas

Empresas organizadas costumam manter Manual de Normas cuidadosamente elaborado com todas as orientações que a administração espera sejam seguidas pelos empregados, principalmente aqueles colocados em postos importantes para que o controle interno seja efetivo. Isso também requer envolvimento da administração para cuidados maiores na seleção e treinamento desses empregados. A elaboração de um manual de normas não é tarefa fácil pois envolve amplo conhecimento de cada setor e sua rotina no processo operacional. Empresas de grande porte chegam até o nível de manter um departamento de organização e métodos para elaborar este manual e controlar as atividades para que todos na empresa sigam as normas. Empresas de menor porte podem contratar temporariamente alguém especializado neste segmento ou mesmo empresas que possam desempenhar tal tarefa. A importância do Manual de Normas é deixar muito claro para todos na empresa o que a administração espera de cada um e também porque demonstra organização e torna público os princípios de controle interno que a empresa adota. Esta prática torna mais fácil também a adaptação de novo empregado que, tendo acesso ao Manual de Normas, pode identificar com clareza o que exige a função para a qual foi contratado.

12.2.8 A Tecnologia a Serviço dos Controles Internos

Com o avanço da tecnologia e a redução gradativa dos custos de informatização cada vez mais se viabilizam sistemas de registro imediato das operações em cada setor, eliminando a ocorrência de fraudes pois a obrigatoriedade desse registro na hora de sua ocorrência dificulta ao responsável a manipulação para proveito próprio ou de terceiros e, mesmo que cometa alguma irregularidade, o sistema provavelmente detectará a possível fraude. Este é um item quase que obrigatório para as pequenas e médias empresas, pois o investimento nesta tecnologia se revestirá de proveitosa economia de mão de obra e aumento dos índices de segurança das informações e da possibilidade cada vez mais reduzida de erros e fraudes em suas operações.

12.2.9 O Código de Ética Empresarial

Em outra obra de sua autoria, "Ética e Legislação Profissional – Para Contadores de Nível Superior" (Editora Appris, 2019), o Autor deste livro aborda em detalhes o tema, além da legislação e normatização da profissão contábil, leitura de suma importância para a formação de futuros contadores e de contadores em início de carreira.

Na obra o Autor expõe que um código de ética profissional pode ser entendido como uma relação das práticas de comportamento que se espera sejam observadas no exercício de determinada profissão, visando ao bem-estar da sociedade, de forma a assegurar a lisura de procedimentos dos membros desta profissão em relação a quem se utilizar dos seus serviços. Da mesma forma, extrapolando esse conceito, pode se estabelecer o mesmo para uma empresa. As normas de um código de ética empresarial estabelecem procedimentos que visam o bem-estar tanto da empresa como do meio social onde ela existe, procurando assegurar que seus colaboradores procedam de forma correta, dentro e fora da entidade.

Esse poderoso instrumento se somará aos dispositivos de controle interno que a empresa venha a utilizar e o simples fato de adotar um Código de Ética Empresarial, já fornece ao contador um indicativo de que a cultura desta empresa é de boa índole.

12.2.10 Recado aos Futuros Contadores, Contadores Iniciantes e aos Futuros Empreendedores

Recomenda-se aos futuros contadores e aos contadores em início de carreira que, ao começarem atividades em nova empresa, seja como empregado ou prestador de serviços contábeis, procurem se informar junto à administração que os está contratando a respeito dos controles internos. Devem verificar a existência de Manual de Normas, e, ainda, se a empresa adota Código de Ética Empresarial, pois são elementos que vão auxiliar o profissional a perceber o tipo de ambiente em que atuarão e com isso apurar a qualidade das informações que esta empresa coloca à disposição e determinar probabilidades de encontrar problemas na contabilização. Conhecer a cultura da empresa e a importância que sua administração confere aos controles internos vai dar um bom direcionamento para o profissional da contabilidade sobre os cuidados que ele deverá ter ao estruturar sua estratégia de trabalho. Aos futuros empreendedores, fica a recomendação que contratem um bom profissional de contabilidade ou empresa prestadora desses serviços e façam questão de demonstrar que estão interessados em seguir o que manda a legislação. Procurem também ser o mais sinceros possível com esses profissionais, criando uma relação de confiança, que só virá em benefício dos negócios.

12.3 Dois Exemplos de Problemas com Controles Internos

Para encerrar este capítulo, o Autor relata duas situações práticas que teve de enfrentar em sua carreira profissional como consultor em empresas familiares, decorrentes de problemas com controles internos (ou melhor, a ausência deles). São situações muito comuns em empresas pequenas, então que fique acesa a "luz amarela" dos novos empreendedores para que evitem esse tipo de situação. Aos contadores fica a recomendação para que mostrem aos empresários que as práticas a seguir podem criar problemas muito graves para o bom andamento dos negócios.

12.3.1 Exemplo 1: Problema com Gastos Pessoais da Diretoria da Empresa

Era uma sociedade empresária limitada de porte pequeno, prestadora de serviços de característica sazonal, com épocas do ano de elevado faturamento e outras épocas com queda acentuada, localizada numa cidade vizinha a Porto Alegre, no Rio Grande do Sul.

O planejamento da empresa previa que nas épocas de bom faturamento se fizessem reservas para as épocas ruins, porém nem sempre isso acontecia, o que fazia a empresa se valer do cheque especial e outras linhas de crédito no banco, disponibilizadas em função do excelente cadastro do chefe da família e principal mandatário, que gozava de excelente patrimônio e avalizava com seus bens pessoais as operações financeiras, sempre que necessário. O comando da empresa estava entregue ao chefe da família, principal dirigente, e 2 filhos e 1 filha em diretorias das áreas Comercial, Administrativa e Financeira. Por uma questão de "status", mesmo não sendo empresa de porte considerável, a família optou por denominar as áreas da empresa como sendo diretorias.

Por se tratar de família com excelentes posses, muitas vezes, mesmo em épocas de baixo faturamento, membros da diretoria trocavam de automóvel e a compra era sempre em nome da empresa que arcava com elevados valores, sacrificando o Caixa. Algumas vezes a troca de automóvel nem era necessária, mas acabava ocorrendo por impulso, com a justificativa de que "se o fulano trocou de carro, eu também vou trocar" ação incentivada principalmente pelas esposas dos irmãos diretores e pela própria filha, também diretora, numa disputa de egos muito danosa à empresa, o que tornava incompreensível aos empregados no ambiente empresarial atitudes como aquelas, ainda mais em épocas de crise.

Outro problema que acontecia seguidamente, era que diretores — filhos do patriarca da família e o próprio patriarca — entregavam ao Gerente Financeiro contas pessoais para que fossem pagas pelo Caixa da empresa. Eram contas de energia elétrica, água, parcelas do IPTU (Imposto Predial e Territorial Urbano), cartão de crédito, carnês de lojas e outras. Cada diretor tinha seu salário mensal estipulado e o pagamento dessas contas criava um problema de desigualdade entre as remunerações dos diretores e também perante a Receita Federal pois esses valores, na realidade, deveriam ser considerados salário e, como tal, sofrer tributação do Imposto de Renda.

Como todos os diretores recebiam os relatórios mensais da contabilidade onde apareciam os pagamentos das contas pessoais em uma rubrica especial provisória para futuro acerto, eventualmente algum diretor acabava questionando que outro diretor estava recebendo valores superiores ao seu em função do pagamento das contas pessoais. Era uma situação bem complexa pois a tentativa de cessar o pagamento dessas despesas pessoais sempre acabava em discussão, onde os diretores argumentavam que a empresa era deles e faziam o que quisessem com seu dinheiro, fazendo com que o gerente financeiro e o contador se vissem numa situação embaraçosa e constrangedora e acabavam silenciando por receio de perder seus empregos.

Isso perdurou até que uma fiscalização aleatória da Receita Federal identificou esses pagamentos de contas pessoais e pediu esclarecimentos ao contador que não tinha o que dizer a não ser a verdade. Resultado disso foi uma pesada multa por sonegação de Imposto de Renda aplicada à empresa e aos próprios diretores, pois foram levantados muitos meses de ocorrência, alcançando somas consideráveis, o que acabou por encerrar a prática dos pagamentos pessoais e o Autor conseguindo por fim estipular procedimentos de controle interno proibindo qualquer tipo de pagamento de despesas pessoais.

12.3.2 Exemplo 2: Problema com Arrecadação e Destinação dos Recursos

Em outra ocasião, o Autor foi contratado para desenvolver uma consultoria em caráter geral em diversas áreas de uma empresa e verificar aspectos organizacionais dos setores administrativos, financeiros, operacionais e contábeis. A empresa era uma sociedade empresária limitada e podia ser considerada de porte médio no setor de ônibus urbanos em atividade na cidade de Porto Alegre e Região Metropolitana no Estado do Rio Grande do Sul.

O que chamou atenção logo de início foi que a empresa era administrada pela própria família, apesar do tamanho que havia chegado e que havia começado com pequena frota há muitos anos e cresceu em demasia, sem que a organização tivesse a mesma evolução. O comando da empresa estava entregue ao pai, o fundador da empresa, e 3 filhos, cada um cuidando de determinada área da empresa, sendo que o mais novo, certamente por haver estudado e buscado novos conhecimentos empresariais, queria dar à empresa nova dimensão, com organização e base científica para sustentar todo seu crescimento. Na ocasião havia uma empresa de consultoria fazendo um trabalho de levantamento de custos operacionais, visando racionalização dos mesmos, o que atesta a intenção do filho mais novo em melhorar a organização da empresa.

O fato que o Autor relata a seguir é bem atípico e bem demonstra porque, muitas vezes, empresas familiares não vão adiante, mesmo depois de atingirem níveis elevados de crescimento.

Para fazer o diagnóstico com as medidas que seriam necessárias em sua consultoria, o Autor estava visitando os diversos setores da empresa e observando como as operações diárias se desenrolavam. Chegou a vez do setor financeiro, e o Autor estava na Tesouraria, que ficava no subsolo do prédio da empresa. Estava conversando com o tesoureiro, indagando sobre as rotinas do setor, quando no teto da sala abriu-se uma "boca-de-lobo" circular e uma voz lá em cima anunciou que estava mandando a féria do dia anterior e caíram três sacos de dinheiro em cédulas. Era o movimento arrecadado em cédulas de todos os ônibus da empresa no dia anterior. Num quarto saco estavam as moedas e as fichas de vale transporte (na época ainda não havia o cartão eletrônico para pagamento de passagem). O tesoureiro pegou os sacos e recém havia iniciado a contagem e conferência das cédulas e moedas, quando entrou um dos filhos, e também diretor, e pegou uma boa soma em dinheiro para uso pessoal e apenas disse ao tesoureiro que anotasse no *"caderno preto"*. Entre espantado e contrariado com a cena que tinha presenciado, o Autor indagou se aquilo era uma situação excepcional ou se era corriqueira. O tesoureiro sorriu e apenas balançou a cabeça, confirmando que era muito comum e com todos os diretores, inclusive o pai.

Após duas semanas de estudos e investigações nos diversos setores da empresa, em uma sexta-feira, em seu relatório inicial com as primeiras sugestões de providências para a organização da empresa, o fato presenciado na Tesouraria foi mencionado pelo Autor e uma das recomendações era que não houvessem mais esses saques diretos e que todas as verbas arrecadadas fossem contabilizadas antes de qualquer outra movimentação e os recursos fossem encaminhados para depósito no banco na conta da empresa. Outras recomendações também foram feitas sobre aspectos organizacionais dos diversos setores onde o Autor constatou problemas, e que seriam objeto de organização já a partir da semana seguinte, quando iniciaria de fato o trabalho de consultoria, após a fase de diagnóstico.

Para surpresa do Autor, na segunda-feira imediatamente posterior, quando chegou na empresa para começar o trabalho, conforme proposições colocadas em seu relatório, o filho mais novo, diretor a quem estava destinada a tarefa de organização, chamou o Autor, agradeceu pelas duas semanas de trabalho e, demonstrando indisfarçável constrangimento, comunicou que o trabalho estava encerrado. Comentou que houve uma reunião de família no final de semana e que os outros diretores (seu pai e irmãos) não gostaram da "intromissão" e não aceitavam que um estranho viesse ditar normas do que fazer com o dinheiro da empresa, ainda que essas normas segundo ele, tenham sido eminentemente profissionais e perfeitamente adequadas aos procedimentos de controle e ele concordava com elas.

Alguns anos após o ocorrido, a empresa em questão infelizmente fechou suas portas, deixando muitas famílias desamparadas, em consequência da irresponsabilidade de seus dirigentes e da forma amadorística como conduziam os negócios e a organização da entidade.

Esses exemplos trazidos pelo Autor servem para que os futuros contadores e os contadores em início de carreira, ainda sem experiência na atividade, sintam as dificuldades que podem eventualmente afetar o trabalho da contabilidade. Exemplos como esses relatados em que os controles internos não existem ou não são respeitados, principalmente por quem mais deveria respeitá-los, os próprios donos da entidade, devem servir de alerta aos profissionais. Em um dos exemplos, foi relatado que a empresa sofreu com uma pesada multa da Receita Federal por sonegação. Menos mal, não houve retaliação ao contador pois o Autor já presenciou casos em situações semelhantes de outras empresas em que o contador foi apontado como culpado pela multa aplicada pela Receita Federal por situações provocadas pelos próprios donos e acabou sendo demitido. Em situações assim, geralmente como diz o velho ditado, "a corda sempre arrebenta no lado mais fraco" pois é mais fácil culpar o profissional que faz seu trabalho do que a diretoria reconhecer o próprio erro. Portanto, que os novos profissionais procurem conhecer previamente o ambiente no qual vão trabalhar, avaliem bem as formas de controle interno que a empresa adota, verifiquem a existência do Código de Ética Empresarial, conversem com os empregados e demais profissionais ligados à empresa e, se concluírem que há mais riscos que possibilidades de sucesso, tenham personalidade e declinem da oferta de trabalho.

Não se intimidem pela necessidade de trabalhar, pois a contabilidade atualmente é uma atividade que oferece vasto mercado de trabalho com muitas oportunidades — manter contabilidade é obrigatório às empresas, como já comentado neste livro. Se perceberem que seu trabalho sofrerá riscos consideráveis, em função do ambiente empresarial desfavorável pela má organização e controles internos inadequados, é preferível buscar outras oportunidades.

Para os futuros empreendedores e empresários iniciantes fica a mensagem de que utilizem estes exemplos como orientação para não cometerem erros semelhantes, podendo levar seus empreendimentos ao fracasso.

13
Orientações Úteis para a Boa Gestão Empresarial – Operações Especiais

Seguindo o que foi colocado na introdução do capítulo anterior, serão analisadas agora algumas operações especiais, muitas vezes utilizadas pelas empresas e até mesmo por pessoas físicas. São operações disciplinadas em dispositivos do Código Civil Brasileiro, Lei Federal 10.406/2002 e que, por sua praticidade, poderão ser muito úteis, constituindo-se em soluções para determinadas situações.

13.1 Conceitos de Posse e Propriedade

Antes de entrar propriamente na análise proposta, a fim de tornar mais fácil a compreensão do que se pretende discutir, convém esclarecer de forma bem didática os conceitos de Posse e Propriedade.

13.1.1 Posse

Sem entrar em detalhes ou conceitos de ordem jurídica mais aprofundados, entende-se por posse o direito de utilização de um bem. Entenda-se que a simples posse não dá ao usufruinte direito de dispor do bem como assim o desejar. Por exemplo, mesmo que queira, não poderá vender esse bem, tendo somente a posse do mesmo, não tendo a sua propriedade, o domínio sobre o mesmo. A obtenção da posse poderá ser através de um simples empréstimo sem qualquer custo, onde um proprietário de algum bem ceda esta posse de forma temporária a um amigo. Exemplo simples disso é o uso de uma bicicleta emprestada de um amigo por um tempo e depois devolvê-la nas mesmas condições em que a recebeu. Já, sob outra forma, agora onerosa, alguém poderia obter a posse de um bem através de um contrato, a exemplo do aluguel de um automóvel em uma locadora, ou do aluguel de um imóvel em uma imobiliária. Em ambas as situações a posse pressupõe a guarda e a manutenção do bem para sua devolução nas mesmas condições em que o recebeu. Porém, em nenhum dos exemplos citados, o possuidor do bem, seja emprestado, ou obtido através de contrato oneroso, não teria condições de vender o bem ou dispor dele conforme seu desejo, pela simples razão de que não tem o domínio sobre esses bens, devendo restituí-los ao seu real proprietário, ou seja, quem tem o domínio sobre o bem, nas mesmas condições em que o recebeu.

13.1.2 Propriedade

A propriedade, também conceituada como domínio sobre algum bem, confere ao proprietário o direito de livre disposição do mesmo. Posse e propriedade podem estar simultaneamente com a mesma pessoa, por exemplo, o dono de um automóvel quitado que o utiliza diariamente para suas necessidades de locomoção. Posse e propriedade podem estar desvinculadas, por exemplo, o proprietário de um imóvel quitado coloca o bem em uma imobiliária que o aluga a terceiro mediante cobrança de aluguel. Enquanto o imóvel estiver alugado, neste exemplo, o proprietário do bem não terá a posse do mesmo pois a cedeu a um terceiro por um contrato de aluguel. A propriedade de qualquer bem pressupõe que o proprietário pode dispor desse bem como assim o entender, podendo dá-lo de presente, alugar seu uso, vender, emprestar ou mesmo jogar fora, se assim o quiser, pelo simples fato de ter sobre este bem completo domínio.

Colocados os conceitos de posse e propriedade, de forma bem simples, seguem algumas Operações Especiais usuais em que se evidenciam ambos os conceitos, justificando por isto o esclarecimento necessário que se fez sobre eles.

13.1.2.1 Venda Com Reserva de Domínio: Código Civil - Arts. 521 a 528

Operação muito utilizada nas vendas a crédito (a prazo) de bens móveis. É uma operação com garantia real, situação em que o próprio bem transacionado garante a operação. O vendedor entrega o objeto da venda ao comprador, reservando para si a propriedade, o domínio do bem, até que seja realizado o pagamento integral da transação. O comprador fica com a posse do bem, ou seja, pode utilizá-lo, mas não detém sua propriedade, o domínio sobre o bem, até que conclua a obrigação do pagamento que assumiu ao comprar o bem. Se o comprador não efetuar os pagamentos devidos, poderá o vendedor executar a cláusula de Reserva de Domínio por via judicial, podendo cobrar judicialmente (executar a dívida) o valor faltante ou retomar o bem.

13.1.2.2 Alienação Fiduciária: Código Civil — Arts. 1361 a 1368

A exemplo da operação anterior, a alienação fiduciária também utiliza a figura da garantia real em que o próprio bem envolvido na transação garante a operação. Além disso, trata-se também de uma operação comercial de cunho financeiro, utilizada principalmente para a aquisição de bens móveis duráveis, normalmente de valor elevado, que requeiram interveniência de um agente financeiro para financiar a operação.

Os exemplos mais usuais são as aquisições de máquinas e equipamentos novos de fabricação nacional através da Carteira do FINAME/BNDES por rede credenciada (www.bndes.gov.br) e a aquisição direta de veículos e equipamentos, novos ou usados, com financiamento através de bancos e financeiras.

Observe o exemplo a seguir:

A = alienante ou fiduciante (comprador)
B = fiduciador ou financiador
C = vendedor

A recebe financiamento de B para comprar um bem de C. A Nota Fiscal é emitida em nome do comprador. A aliena o bem para B, transferindo-lhe o domínio do mesmo. O bem ficará em poder de A, que passa a ser o possuidor e depositário do bem, responsável por sua guarda. O domínio é de A ao comprar de C, mas o transfere a B, como garantia, até o pagamento da última parcela do financiamento.

Para melhor compreensão, segue a descrição de como funciona a aquisição de um automóvel por alienação fiduciária, operação típica onde se emprega a alienação fiduciária.

A pessoa física ou jurídica interessada em adquirir um automóvel, novo ou usado, vai a uma revenda, escolhe o veículo, pede um orçamento escrito e o leva ao banco ou financeira de sua preferência, solicitando financiamento para aquisição do mesmo. Aprovado seu cadastro, será liberado determinado valor, conforme sua renda, que poderá servir para quitar toda a compra ou determinar que o interessado participe com certo valor. Será então elaborado um contrato onde se estabelecem as condições de pagamento do financiamento, número e valor das prestações, forma de correção das mesmas, data de vencimento e outras questões. Atenção especial deve ser dada pelo comprador aos juros cobrados pelo financiamento, pois pode--se estar comprando um carro e pagando por dois, caso a taxa de juros seja muito elevada. Como o contrato é entre o comprador e o agente financeiro, tem que ficar caracterizado que o valor para a aquisição do bem foi liberado para ele comprador para que o bem seja adquirido e se configure então a garantia real, que é o próprio automóvel. Para a liberação do dinheiro à revenda, duas alternativas são utilizadas pelos bancos:

1 – Emitir um cheque nominal ao comprador, porém com uma cláusula no contrato ditando que no mesmo ato este cheque

está sendo endossando para a revenda (vendedor), caracterizando assim que a venda foi consumada efetivamente.

2 – Simplesmente emitir um recibo a ser assinado pelo comprador e fazer constar uma cláusula no contrato autorizando que o agente financeiro faça pagamento direto à revenda.

Nesse mesmo contrato ficará estabelecida a transferência da propriedade do veículo para o agente financeiro, como garantia do financiamento, ficando o comprador com a posse do mesmo, na condição de fiel depositário, responsável pela guarda e manutenção do bem em perfeitas condições. Essa condição perdurará até o pagamento da última prestação do financiamento quando então o comprador, além da posse, terá também a propriedade do bem.

No ato da compra, a Nota Fiscal será emitida no nome do comprador, com observação no verso da mesma de que o bem está alienado ao agente financeiro. No certificado de propriedade emitido pelo Departamento de Trânsito (DETRAN) onde o veículo será registrado, constará a mesma observação, ou seja, uma restrição à venda que impedirá qualquer transação legal com o veículo, já que o DETRAN não fará transferência deste veículo sem um documento de liberação da alienação pelo agente financeiro.

A alienação fiduciária também é utilizada em consórcios quando o veículo é entregue ao consorciado tendo ainda saldo devedor a pagar. O consorciado assinará um documento alienando o veículo à operadora do consórcio e só terá a propriedade quando quitar todas as parcelas, recebendo então uma carta da operadora do consórcio liberando a restrição existente no DETRAN.

A venda de um veículo alienado não é permitida sem a concordância expressa da financeira ou banco. A transferência para terceiros só será permitida com o consentimento do agente financeiro, depois de aprovar o cadastro dessa pessoa, mantendo o veículo alienado enquanto houver saldo devedor. Ocorrendo perda total do bem e não houver seguro em favor do banco, a dívida tecnicamente fica integralmente vencida pelo saldo devedor existente, pois desaparecendo o bem, desaparece também a garantia real. A alternativa é negociar com o banco e oferecer como garantia substituta outro bem equivalente em valor para poder continuar pagando as parcelas restantes.

Uma vez quitada a última parcela do financiamento, o agente financeiro emitirá um documento liberando a alienação, o que permitirá ao comprador liberar a cláusula de restrição no DETRAN constante no documento de registro do veículo, ficando o comprador então com a posse, que ele já tinha, e agora também com a propriedade, o domínio sobre o automóvel.

Havendo parcelas vencidas não pagas, o agente financeiro não poderá integrar o bem em seu ativo imobilizado, ficando obrigado a vender, judicial ou extrajudicialmente, o bem a terceiros e a aplicar o valor desta venda para pagamento de seu crédito e das despesas de cobrança, e a entregar o saldo restante, se houver, ao devedor. Se mesmo após a venda do bem ainda restar montante a pagar, o devedor continua obrigado financeiramente pelo saldo não coberto pela venda do bem.

Estes dois tipos de operação, Reserva de Domínio e Alienação Fiduciária, pela característica de serem operações que utilizam a figura da garantia real, onde o próprio bem objeto da transação garante a operação, dispensa a figura do avalista, facilitando a vida de empresários iniciantes que ainda não têm muitos recursos, nem credibilidade ou estabilidade suficiente nos negócios para conseguir aval de terceiros em operações de compras a crédito.

13.1.2.3 Penhor Mercantil: Código Civil – Arts. 1431 a 1472

É uma cláusula contratual em que uma pessoa cede à outra bens móveis em segurança e garantia do cumprimento de obrigação comercial. Em regra geral, o bem é fisicamente entregue pelo devedor ao credor, conforme art. 1431 do Código Civil. Entretanto, há situações em que o bem não precisa ser entregue, até pela dificuldade em operacionalizar essa entrega. Em qualquer hipótese, no Penhor Mercantil ocorre uma transferência temporária do domínio do bem para o credor, até que se cumpra a obrigação.

Conforme Código Civil – Art. 1431:

> Constitui-se o penhor pela transferência efetiva da posse que, em garantia do débito ao credor ou a quem o represente, faz o devedor, ou alguém por ele, de uma coisa móvel, suscetível de alienação.
>
> Parágrafo único – No penhor rural, industrial, mercantil e de veículos, as coisas empenhadas continuam em poder do devedor, que as deve guardar e conservar.

Alguns exemplos de penhor podem ser mencionados para explicar como funcionam as operações:

13.1.2.3.1 Penhor de Joias

Uma pessoa necessitando obter financiamento e não tendo como conseguir avalista, poderá obter empréstimo direto, desde que tenha em seu poder joias que possa utilizar como garantia, ou como penhor. Esse tipo de operação é realizado pela Caixa Econômica Federal, que avalia as joias levadas pelo interessado. Normalmente o empréstimo terá valor aproximado entre 20 a 40 % do valor das joias, segundo os critérios da entidade. Será emitida uma cautela, comprovando a operação e estabelecendo prazo de pagamento e juros do empréstimo concedido. Nesta operação ocorre o penhor típico, com a entrega física do bem ao credor como garantia do pagamento da obrigação e, ao final, cumprida a obrigação, o bem será devolvido ao devedor. Existe a possibilidade de, ao final do prazo estabelecido para pagamento do empréstimo, somente pagar os juros, continuando o devedor com a obrigação de pagar o valor principal acrescido dos juros por mais um período. Não sendo pagos os valores devidos nem feita nova negociação nos prazos estipulados, poderá a Caixa Econômica Federal executar o Penhor e levar a joia a leilão para recuperar o valor emprestado.

13.1.2.3.2 Penhor Industrial

Nesta opção de penhor, uma empresa necessitando de algum dinheiro e não dispondo de ninguém para lhe conceder aval, recorre a um banco, toma dinheiro emprestado e cede como garantia, no regime de Penhor Mercantil, máquinas e equipamentos de sua propriedade que estejam desonerados de qualquer obrigação junto a terceiros. Esses bens, ao contrário do penhor de joias em que as mesmas são entregues ao banco, permanecem na empresa como garantia, identificados na listagem do ativo imobilizado como bens penhorados ao banco. O agente financeiro pode ainda colocar plaqueta identificativa em local visível no bem constando a observação que o mesmo está penhorado em seu favor.

13.1.2.3.3 Penhor Rural

Fazendeiros, agricultores, produtores, criadores de gado, podem buscar empréstimos, normalmente junto ao Banco do Brasil, cedendo como garantia no regime de Penhor Mercantil Rural bens de sua produção em quantidades e valores equivalentes ao empréstimo tomado, assinando uma cédula de Penhor Rural. Estes bens são representados por quantidades de sacas de soja, arroz, café, feijão, cabeças de gado, enfim, bens de sua produção, valorizados a preços de mercado em montante suficiente para garantir a operação. Os bens relacionados na cédula não são entregues ao agente financeiro, porém seu domínio é temporariamente transferido ao Banco, enquanto perdurar a obrigação, como forma de garantia e, caso não cumpridos os pagamentos, o Banco poderá exercer a garantia exigindo a venda dos bens penhorados pela cédula de penhor até o montante da dívida.

13.1.2.4 Contrato de Compra e Venda: Código Civil – Arts. 481 e seguintes

Genericamente falando, contrato é um instrumento jurídico que serve para estabelecer as condições de um negócio qualquer. Neste documento, uma das partes se obriga a entregar um bem (transferir a propriedade, o domínio) à outra parte mediante pagamento de certo valor. Este conceito está contido no instrumento legal acima mencionado, no Art. 481: "Pelo contrato de compra e venda, um dos contratantes se obriga a transferir o domínio de certa coisa, e o outro, a pagar-lhe certo preço em dinheiro."

Por ser um instrumento jurídico, há alguns requisitos a serem seguidos pelas partes para que tenha validade legal.

Deve ser bilateral: pelo menos duas partes envolvidas;

Deve ter objeto lícito: não pode tratar de coisas proibidas, como drogas, por exemplo;

Deve ser oneroso para ambas as partes: o vendedor tem o ônus da entrega do bem e o comprador o ônus de pagar determinado valor acertado pelo bem;

Deve ter a forma prescrita ou não proibida pela lei: por exemplo, o preço não pode ser estabelecido em moeda estrangeira, pois a lei brasileira assim o proíbe.

Além do estabelecimento dos requisitos legais na confecção do documento, há outras cláusulas envolvidas, como, por exemplo, prazo de entrega, local da entrega, quem paga o frete, condições de pagamento do preço estabelecido, cláusula de reajuste de preços se assim for estabelecido, condições de garantia, assistência técnica.

É preciso ter em mente que praticamente todas as aquisições efetuadas por uma empresa são precedidas de um instrumento como este para que tudo fique estabelecido, sem o risco da informalidade. Até mesmo as compras mais simples, como material de escritório, devem ter um documento contratual que, nesse caso, pode ser uma forma simplificada de contrato que é a chamada Ordem de Compra, documento bem mais simples que, normalmente, em seu verso constam as condições gerais estabelecidas pela empresa compradora e que substituem as cláusulas de um contrato formal.

13.1.2.5 Operações de Transporte: Código Civil Arts. 730 a 756.

Conforme afirmação no item anterior, de que todas as aquisições em uma empresa devem ser instrumentadas por um contrato, é fácil depreender que, deste fato, haverá a necessidade provável de que a empresa contrate fretes para receber as mercadorias compradas, quando o valor do frete não fizer parte do contrato.

O código Comercial de 1850 estabeleceu normas para o transporte por estradas de ferro, principal forma de transporte da época. A legislação brasileira sobre transportes em geral muito se baseou nestas normas, fato que se comprova ao analisar o Decreto Federal 51.813/1963, revogado pelo Decreto Federal 90.959/1985, novo Regulamento dos Transportes Ferroviários, obviamente com as devidas adaptações. O sistema de transportes no Brasil se regula basicamente pela Resolução n° 3056 de 12/03/2009 da Agência Nacional de Transportes Terrestres, alterada em parte pela Resolução n° 3056 do mesmo órgão (considerando as leis 10.233/2001 e 11.442/2007) e legislações posteriores.

O transporte pode ser definido como a operação em que uma pessoa física ou jurídica se obriga a transportar pessoas ou coisas de um local para outro mediante pagamento, assumindo alguns riscos inerentes à atividade, definidos por lei.

O Código Civil, em seu Art. 730 estipula que "Pelo contrato de transporte alguém se obriga, mediante retribuição, a transportar, de um lugar para outro, pessoas ou coisas". O conceito faz menção a dois tipos de transporte, o transporte de bens, ou coisas, e o transporte de pessoas, ou passageiros.

Transporte de Coisas: mercadorias (incluindo animais) — a inclusão de animais no conceito não significa que os animais sejam considerados coisas, mas sim que as determinações do transporte de coisas se estendem também ao transporte de animais.

O contrato de transporte de coisas é aquele em que uma pessoa entrega à uma pessoa física ou empresa determinado objeto para que, mediante preço estipulado, seja remetido à outra pessoa (destinatário), em algum lugar diverso daquele em que foi recebido. O contrato começa a ser executado quando a coisa é recebida pela parte que se incumbe de transportá-la e finda no momento em que a mesma é entregue.

Partes envolvidas na operação:

Remetente ou Expedidor: pessoa que entrega a mercadoria para ser transportada;

Transportador: pessoa que recebe a mercadoria, encarregando-se de transportá-la;
Destinatário: pessoa a quem a mercadoria é destinada e a quem cabe recebê-la;
Empresas de expedição ou Agências de Viagens: poderá haver uma 4.ª parte (pessoa ou empresa) que assume a obrigação, não de realizar o transporte propriamente, mas fazê-lo realizar por outros.
Observação: no contrato só participam, assumindo obrigações, Remetente e Transportador.

Conforme determina o Código Civil, nos artigos que regulam a matéria, os bens entregues ao transportador para o transporte devem estar caracterizados pela sua natureza, valor, peso e quantidade e qualquer outra particularidade que seja necessária para perfeita identificação. Outra exigência é que o destinatário seja identificado por nome e endereço. Para essas finalidades, deve acompanhar os bens a serem transportados uma nota fiscal relacionando as informações ou, caso se trate de pessoa física, uma relação dos bens e respectivos valores.

Caberá ao transportador, tão logo receba os bens a serem transportados, emitir um Conhecimento de Transporte, também chamado de Conhecimento de Frete, para configurar as condições acordadas.

Por se tratar de uma espécie de contrato, a operação de transporte vai gerar obrigações para as partes envolvidas.

Obrigações do Remetente

- Entregar a mercadoria a ser transportada;
- Pagar o frete; e
- Acondicionar adequadamente a mercadoria entregue para o transporte.

Esta obrigação muitas vezes gera alguma confusão, pois os remetentes dos bens entendem que a embalagem deles deveria ficar ao encargo do transportador, mas este ônus é efetivamente do dono da carga. E, além de providenciar a embalagem, a mesma deve ser adequada ao tipo de bem que será transportado, de modo a não danificar o bem. O transportador tem a condição de recusar o transporte, caso entenda que a embalagem feita não está adequada, podendo vir a causar riscos ao veículo, aos outros bens e ao próprio bem envolvido.

O transportador deverá recusar transportar bens cuja comercialização não seja permitida.

Um exemplo bem fácil para compreender estas determinações básicas poderá ser encontrado em uma Agência de Correio. Há avisos que proíbem transporte de determinados bens e as embalagens para transportes via SEDEX são pagas pelo remetente, em obediência ao que determina a legislação. Enviar algum bem por SEDEX tem ainda a obrigação de que ele seja acompanhado por uma nota fiscal ou, na falta desta por uma declaração formal, modelo disponível nas agências.

Obrigações do Transportador

- Receber, transportar e entregar as mercadorias no tempo e local ajustados;
- Expedir o conhecimento de transporte ou de frete;
- Seguir o itinerário ajustado para o transporte; e
- Aceitar a variação da consignação (alterar o destinatário – sujeito a reajuste do frete).

13.1.3 Conhecimento de Transporte ou de Frete

Como já mencionado, é obrigação do transportador, tão logo receba os bens a serem transportados, emitir o Conhecimento de Transporte ou de Frete. Esse documento constitui na prática a formalização do contrato, é a prova do recebimento da mercadoria e da obrigação do transportador de entregá-la no local acordado, contendo os dados do remetente, do transportador e as condições ajustadas para o transporte e a composição do valor do frete.

Após receber as mercadorias a serem transportadas e emitir o Conhecimento de Transporte, até a entrega das mesmas no local de destino, o transportador responde pelos danos que elas venham a sofrer, exceto se esses danos forem decorrentes de vício próprio da mercadoria (facilidade de deterioração ou alteração de forma espontânea) ou caso fortuito/força maior (acidentes em que a ação ou vontade do homem não contribuem – raio, tempestade, naufrágio, furacão etc.). Nesses casos, o prejuízo é do remetente, salvo a existência de seguro, e desde que o transportador tenha tomado as precauções necessárias com as mercadorias. Correm ainda por conta do transportador as perdas, furtos ou avarias que as mercadorias sofrerem enquanto elas estiverem sob sua responsabilidade.

13.1.4 Transporte de Pessoas

Este contrato se estabelece quando uma empresa de transportes se obriga a remover uma pessoa (passageiro) e sua bagagem de um lugar para outro, mediante pagamento de um preço previamente estipulado (passagem). O contrato se materializa pelo simples ato de compra da passagem. Nos transportes urbanos de massa não há necessidade do bilhete de passagem, que pode ser substituído pelo pagamento prévio do valor correspondente em lugares indicados, cartão eletrônico com determinada quantidade de passagens pagas ou pagamento na hora na roleta, diretamente ao cobrador.

O transportador responde pelos danos causados ao passageiro provenientes de acidentes que não sejam provocados por caso fortuito ou força maior ou por culpa do passageiro. Este obrigatoriamente deverá se sujeitar às normas do transportador, conforme Art. 738 do Código Civil.

Mesmo em acidentes provocados por terceiros, permanece a responsabilidade do transportador com os danos causados aos seus passageiros, podendo posteriormente, se assim o desejar, entrar com ação própria reparatória contra estes terceiros.

Atenção para a questão da carona, ou seja, o transporte feito gratuitamente, por amizade ou cortesia, que não se subordina às normas do contrato de transporte. Entretanto, não se considera gratuito o transporte quando, embora feito sem remuneração, o transportador auferir vantagens indiretas e isto poderá ser questionado em juízo, por exemplo, em caso de acidente grave ou falecimento de alguém que estava no veículo acidentado, podendo trazer sérios problemas ao proprietário do veículo, mesmo que ele não estivesse na condução do mesmo.

13.1.4.1 Contrato de Seguros: Código Civil Arts. 757 a 802

O Brasil ainda não tem a cultura do Seguro, a exemplo do que se observa em países mais adiantados como Estados Unidos e Europa. É um ramo atuarial que ainda tem muito a crescer. O preço elevado dos seguros no Brasil ainda é um dos principais fatores do baixo volume de operações. O preço tenderá a cair na medida em que aumentar gradativamente a busca por estas operações.

O Art. 757 do Código Civil conceitua o contrato de seguro como a operação em que o segurador se obriga, mediante o pagamento do prêmio, a garantir interesse legítimo do segurado, relativo a pessoa ou a coisa, contra riscos predeterminados. A empresa seguradora, assim, se obriga a ressarcir os prejuízos sofridos por quem o contratou, o segurado, em virtude de evento incerto, mediante pagamento de certa importância pelo segurado. O pagamento da indenização prevista será efetuado pela seguradora ao beneficiário indicado no contrato.

13.1.4.1.1 Partes Envolvidas no Contrato: Seguradora e Segurado

13.1.4.1.1.1 Apólice de Seguros

É o documento mais importante do contrato de seguro, porque é o instrumento da constituição do mesmo. É o documento que formaliza o contrato de seguro, estabelecendo os direitos e as obrigações da seguradora e do segurado. Os dados do seguro são colocados primeiramente em um documento chamado Proposta de Seguro, na fase de negociação que, obrigatoriamente, por determinação da legislação, requer a interveniência de um corretor, pessoa física ou jurídica. O corretor levará a proposta para a seguradora. Havendo aceitação das condições desta proposta, a seguradora emitirá a correspondente apólice, contendo os dados negociados, materializando-se assim o Contrato de Seguro.

Empresários iniciantes devem avaliar a possibilidade de buscarem a proteção do seguro, caso tenham em suas instalações equipamentos de elevado valor, ou, pela característica de seu negócio, riscos consideráveis que podem, mediante ocorrência de algum sinistro (incêndio, roubo, inundação, etc.) vir a provocar prejuízos irreparáveis, que podem pôr fim prematuro ao negócio.

14
Orientações Úteis para a Boa Gestão Empresarial – Títulos de Crédito

Concluindo a análise dos tópicos propostos para estes três capítulos finais desta obra, com a finalidade de contribuir para melhorar a gestão empresarial, segue-se a análise dos títulos de crédito, importante matéria que, infelizmente, é de pouco conhecimento dos alunos dos Cursos de Ciências Contábeis, de Administração e dos empreendedores mais novos.

A legislação sobre Títulos de Créditos no Brasil é bem antiga e, apesar de todos os avanços tecnológicos implementados nas últimas décadas e que trouxeram significativas mudanças nos processos administrativos das empresas, esta legislação não se alterou para adequação aos novos tempos, causando sérios problemas em função desta estagnação.

14.1 Conceito e Princípios

Antes de entrar propriamente na análise dos títulos de crédito, é importante conceituar o que é o crédito e comentar os princípios fundamentais deste conceito, pois isso vai facilitar o entendimento deste tópico e possibilitar aos empresários o necessário conhecimento para que possam obter o maior proveito possível.

Literalmente, a palavra crédito deriva de duas palavras do latim *creditum, credere* que significa crer, confiar, acreditar, ou seja, remete à ideia de confiança.

Trazendo o significado para o aspecto financeiro, ter crédito significa ter a possibilidade de obtenção de recursos financeiros a título de empréstimo, por concessão, por um ato de fé do credor, para que o valor emprestado seja restituído em prazo e condições a serem acordados entre as partes.

Retroagindo no tempo, vamos encontrar esta ideia de confiança de forma marcante em dispositivos do antigo Direito Romano, base do nosso Direito Brasileiro, que dava muita importância a esta questão da confiança. Se um devedor não cumprisse sua obrigação assumida, o credor não poderia valer-se do patrimônio do devedor para ressarcir seu prejuízo, mas poderia, em compensação, decidir entre duas alternativas "sui generis":

- Vender o devedor em praça pública para ressarcir seu prejuízo; e
- Matá-lo, também em praça pública, para deixar claro à comunidade local que aquele sujeito falhou com seu compromisso de confiança.

Eram alternativas drásticas exatamente para valorizar o aspecto da confiança.

Importante ressaltar que o crédito não gera riqueza, não é um agente de produção, sendo apenas uma forma para transferir a riqueza de uma pessoa ou entidade para outra. O crédito faz a riqueza circular.

Assim se chega a outro conceito fundamental que é o conceito de título de crédito, ou seja, o instrumento que vai materializar a função "crédito", tornando real a possibilidade de fazer a riqueza circular.

O Código Civil, em seu Art. 887, conceitua título de crédito como o "documento necessário ao exercício do direito literal e autônomo nele contido" e complementa o conceito condicionando que seus efeitos somente serão produzidos se preencherem os requisitos legais.

Deste conceito legal, por decorrência, destacam-se três princípios fundamentais inerentes aos títulos de crédito, os princípios da Literalidade, Autonomia e Cartularidade.

14.1.1 Princípio da Literalidade

Segundo este princípio, a existência do título de crédito se regula pelo teor do seu conteúdo. O título de crédito é enunciado em um texto escrito e somente o que está nele inserido, conforme as determinações legais, se leva em consideração. Derivado do Latim, da palavra *lettera* esse princípio significa que o título de crédito vale por aquilo que nele estiver escrito, de acordo com os preceitos da lei que o criou. Não se admitem nos títulos palavras escritas que contrariem esses preceitos, sob pena de nulidade, assim como rasuras também podem anular o documento.

14.1.2 Princípio da Autonomia

Por este princípio, o possuidor de boa-fé de um título de crédito não pode ter seu direito restringido ou destruído em virtude das relações existentes entre os anteriores possuidores e o devedor. Pelo princípio da autonomia, uma vez emitido o título de crédito, o documento passa a ter vida própria, não se vinculando à causa que lhe deu origem. De fato, por esse princípio, o título de crédito se desvincula da causa que lhe deu origem, devendo ser honrado seu pagamento ao possuidor de direito. Um exemplo bem simplório ajudará a explicar melhor esse princípio. Paulo emitiu um cheque (que também é um título de crédito) em favor de Roberto para pagamento de uma dívida entre eles. Roberto endossou o título para Marcelo. Paulo, emitente do cheque, é inimigo de Marcelo, mas nem por isso poderá negar o pagamento do cheque endossado.

Um outro exemplo deste princípio é a venda de um automóvel entre duas pessoas, ficando um determinado valor a pagar as partes resolvem representar esta dívida através de uma Nota Promissória (outro exemplo de título de crédito). Uma vez emitida esta Nota Promissória e entregue pelo devedor ao credor, referido título passa a ter vida própria, desvinculando-se da operação que lhe deu origem, que foi a venda de um automóvel. Na Nota Promissória nada constará com referência a esta operação de compra e venda, restando apenas o título representativo do valor a pagar desta venda.

14.1.3 Princípio da Cartularidade

Também originado do Latim, da palavra *cártula*, que significa carta, papel, documento, esse princípio diz que o título de crédito obrigatoriamente deve se materializar em um documento para que possa ser exigido o crédito nele representado. Por esse princípio, é essencial a exibição do documento para o exercício do direito resultante do crédito. Sem isso, o credor não pode exigir ou exercitar qualquer direito fundado no título de crédito, até mesmo porque após o pagamento, o título deve ser devolvido ao devedor que cumpriu sua obrigação, como recibo de pagamento, para que ele possa destruir o documento, cancelando também a dívida que ele representava, uma vez que a mesma foi devidamente quitada.

Conforme a legislação brasileira, há muitos títulos de crédito, normalmente cada um deles estabelecido por lei específica, ao contrário de outros países em que existe lei única neste sentido. Outra característica dos títulos de crédito no Brasil é que as leis que os criaram são muito antigas, promulgadas há décadas, porém ainda em vigor. Alguns destes títulos de crédito caíram em desuso, não sendo mais utilizados, embora as leis que os criaram ainda permaneçam em vigor.

Os títulos de conhecimento mais geral e mais comumente utilizados pelas empresas e pelas pessoas físicas se restringem a três, cheque, nota promissória e duplicata, cujas principais características serão agora analisadas.

14.2 Cheque: Lei Federal 7357 – 02/09/1985

Conceitualmente o cheque é uma ordem de pagamento à vista, ordem essa dada a um banco por alguém que tenha previamente aberto conta neste banco e munido a conta com fundos financeiros disponíveis. Esta ordem de pagamento poderá ser dada em favor próprio (emissão de cheque pelo emitente para sacar dinheiro no caixa do banco) ou de terceiros. O uso do cheque no Brasil é controlado pelo Banco Central e pelo Conselho Monetário Nacional. Há também legislação de cunho penal para punir o uso indevido, como emissão de cheques sem fundos, enquadrada pelo Código Penal como estelionato e passível de pena de prisão.

Observação: o cheque pré-datado não existe perante a lei, sendo apenas um acordo informal entre o emitente e o beneficiário.

As partes envolvidas em um cheque são as seguintes:

- Emitente ou sacador = pessoa que dá a ordem, ou seja, emite e assina o cheque;
- Sacado = banco onde a conta foi aberta e que recebe a ordem de pagamento à vista; e
- Beneficiário = pessoa ou portador em favor de quem é dada a ordem, o próprio emitente ou um terceiro.

Embora o uso do cheque pelas pessoas físicas esteja em franca decadência, em função de outras formas mais ágeis e seguras de pagamento, como os cartões de débito ou crédito, ainda se constitui o cheque em tradicional forma de pagamento pelas empresas. As empresas mais organizadas criam rotinas para estabelecer o processo de cada pagamento, culminando com a emissão do cheque, normalmente requerendo duas assinaturas, por medida de controle e segurança. Esta condição deve ser determinada junto ao banco no momento de abrir a conta e estabelecer os cartões de assinaturas que serão aceitas em nome da empresa, devidamente acompanhadas da respectiva procuração, assinada pelos responsáveis legais pela empresa (os próprios sócios ou alguém por eles designado mediante procuração).

14.2.1 Modalidades de Cheques

Cheque ao portador: cheque emitido sem fazer menção ao nome do beneficiário, podendo ser pago pelo banco a quem o apresentar no caixa ou via compensação mediante depósito na conta do portador.

Cheque nominativo: cheque emitido explicitando o nome do beneficiário no campo próprio, demonstrando a vontade do emitente de que a pessoa nominada seja a beneficiária do pagamento do cheque pelo banco. Normalmente as empresas adotam a prática de emitirem cheques nominais, pois confere ao processo mais segurança e formalidade, caracterizando o pagamento ao beneficiário indicado. Há dois tipos de cheques nominativos:

Cheque nominativo "à ordem": esta modalidade de cheque permite que o beneficiário nominado no cheque possa endossar o mesmo a terceiros, apondo sua assinatura no verso do cheque, praticando o chamado endosso. Este endosso será "em preto" se for indicado o nome do novo beneficiário logo abaixo da assinatura e será "em branco" se contiver apenas a assinatura sem nominar ninguém, neste caso transformando o título em cheque ao portador.

Cheque nominativo "não à ordem": este cheque tem a característica de não admitir endosso, limitando o pagamento dele somente ao beneficiário nominado no cheque. Desta forma este cheque não poderá circular para outras pessoas que não o próprio beneficiário. Para transformar um cheque nominativo em "não à ordem" basta riscar a expressão "ou à sua ordem" no formulário do cheque, ou ainda escrever a expressão "não à ordem" logo após o nome do beneficiário.

Cheque ao portador: o cheque emitido sem indicação de nome do beneficiário será considerado um cheque ao portador, de tal forma que o possuidor do mesmo poderá sacá-lo no caixa do banco ou depositá-lo em sua própria conta bancária e receber seu crédito via compensação. A outra forma de constituir um cheque ao portador já foi comentada acima, quando um cheque nominativo "à ordem" recebe endosso em branco.

14.2.1.1 Extinção de Obrigação: artigo 28 da Lei do Cheque – Parágrafo Único

Prática largamente adotada pelas empresas ao pagar seus compromissos com cheques é utilizar o disposto no artigo 28 – parágrafo único que estabelece que a indicação da causa da emissão do cheque (n° de nota fiscal, n° de duplicata, fatura, imposto ou outra causa de sua emissão) no verso de um cheque nominativo e o consequente endosso a terceiros pelo beneficiário ou a simples liquidação pelo banco sacado provam a extinção da obrigação indicada, servindo a cópia deste cheque como recibo.

Exemplos:

- Este cheque se destina ao pagamento da 2ª cota de pagamento do Imp. de Renda Pessoa Jurídica; e
- Este cheque se destina ao pagamento da duplicata 148/2.

14.2.1.1.1 Evitando Pagamento de Cheque no Caixa do Banco

Pode ocorrer que a empresa precise emitir um cheque para pagamento em determinado dia e que não haja saldo suficiente para pagamento neste dia, porém à noite entrará um crédito na conta da empresa. A solução para esta situação é bem simples. Basta a empresa emitir e "cruzar" o cheque, apondo na frente do mesmo duas linhas paralelas transversais. Esta ação fará com que o banco somente pague este cheque via compensação, forçando o beneficiário a depositar o cheque em sua conta. O caixa do banco não pode pagar um cheque cruzado, conforme estabelecem os artigos 44 e 45 da lei.

14.2.1.1.2 Cheque com Garantia de Pagamento

Um dos problemas mais comuns que restringe o uso dos cheques é falta de garantia de que o mesmo terá fundos ao se tentar receber o valor, motivo muitas vezes para que estabelecimentos comerciais coloquem cartazes visíveis ao público, informando que não aceitam cheques. A aceitação de um cheque não é obrigatória, o que permite às empresas afixar este tipo de aviso. Existe uma forma de garantir o pagamento de um cheque, embora demande alguma burocracia. Um cheque nominativo pode ser levado ao banco onde o emitente tenha sua conta para que seja colocada pelo mesmo uma declaração assinada atestando a existência de fundos. Para que se configure esta garantia, o banco verifica a existência de saldo suficiente para pagamento do cheque e bloqueia referido valor até que este cheque seja apresentado ao banco para pagamento. Esta modalidade se denomina Cheque Visado e está prevista no artigo 7 da lei. Alternativa ao cheque visado é o Cheque Administrativo de emissão do próprio banco em que o interessado "compra" este cheque do banco mediante pagamento de uma taxa. O cheque emitido pelo próprio banco confere garantia de pagamento[9].

14.3 Duplicata: Lei Federal 5474 – 18/07/1968

A duplicata é uma criação genuinamente brasileira surgida no Código Comercial Brasileiro de 1850, artigo 219, e utilizada no mundo inteiro. Surgiu como instrumento para garantir o cumprimento da obrigação assumida de pagar por uma compra a prazo, onde o vendedor cumpre a sua obrigação de entregar o bem vendido, ficando pendente o pagamento, obrigação que será representada por uma ou mais duplicatas. Há entre o vendedor e o comprador um pacto de confiança, por meio do qual usa-se o crédito para a efetivação da compra e venda.

Segundo a Lei 5474, em seu artigo 1°, o vendedor poderá, nas vendas com prazo não inferior a 30 dias, extrair fatura para apresentação ao comprador. O artigo 2° complementa dizendo que, à opção do credor, poderá ser extraída uma duplicata para circulação do crédito.

Não se admite nas leis brasileiras que tratam de títulos de crédito qualquer outra espécie de título para representar a compra e venda

---

[9] Para maiores informações recomenda-se a leitura na íntegra da Lei Federal 7357/85

que não seja a duplicata. Por isso muitas pessoas que assinam notas promissórias em lojas como garantia de crediário acabam se complicando e, às vezes, tendo que pagar novamente por algo que já pagaram, pois a nota promissória, pelo princípio da autonomia, se desvincula da causa que lhe deu origem, não tendo como vinculá-la à compra efetuada e paga pelo carnê das prestações. Desse modo, fica o devedor com o carnê quitado, comprovando que pagou pela compra, mas sem prova de pagamento da promissória, caso não a exija de volta na loja quando terminar o pagamento do carnê. É claro que judicialmente pode-se tentar esclarecer o fato, mas isso envolve custas processuais, longo tempo do curso do processo judicial, contratação de advogado, e a possibilidade de perder o processo e ter que pagar a promissória assim mesmo.

A duplicata é uma cópia da Fatura, podendo esta ser desmembrada em quantas parcelas forem acertadas por ocasião da compra, através de várias duplicatas. A fatura é uma obrigação de cunho comercial, enquanto a nota fiscal é uma obrigação de caráter fiscal, servindo como instrumento fiscalizador das três esferas do fisco – municipal, estadual e federal.

A lei estabelece prazos para que a duplicata seja apresentada ao comprador (devedor) de até 30 dias da emissão, se enviada diretamente pelo vendedor e até 10 dias da data de recepção por representantes ou bancos. Fixa ainda o prazo de 10 dias após a apresentação para que o devedor devolva a duplicata com o devido aceite ou com declaração expressa justificando a recusa do aceite.

O aceite é a declaração formal, que consta no próprio título, do reconhecimento de sua exatidão e da obrigação de pagá-lo, a ser assinada pelo devedor. Uma vez assinada esta declaração de aceite, a dívida se torna líquida e certa.

Reconheço a exatidão desta duplicata de Venda Mercantil (ou Prestação de Serviços) na importância acima que pagarei à __ (nome do credor) __ ou à sua ordem (admite endosso), na praça e vencimento indicados.

Assim como o cheque, a duplicata pode ser endossada para efeito de circulação e também admite o denominado endosso-mandato, quando a empresa encaminha o título ao banco para cobrança do mesmo.

14.3.1 Protesto de Duplicatas: Lei Federal 9492/1997, Alterada em Parte pela Lei Federal 13775/2018

Válido também para cheque, nota promissória, e outros títulos. O protesto existe, obviamente, como forma de pressionar o devedor a pagar por sua dívida, mas juridicamente suas finalidades são provar que a dívida existe e provar que o devedor foi chamado a pagar publicamente e deverá ser encaminhado na mesma praça de pagamento do título, nos Cartórios existentes para esta finalidade. Ao receber a solicitação de encaminhamento a protesto pelo credor ou por seu representante (normalmente o banco em que foi feita a cobrança do título) o Cartório manda um aviso de apontamento do título para protesto e concede prazo de três dias úteis, a contar da data da protocolização, para que o devedor pague ou promova por seu advogado a sustação de pagamento em juízo (sequestro de título). Esta ação judicial será analisada por um Juiz de plantão, necessidade devido à exiguidade do prazo de apenas três dias úteis retro mencionado. Este Juiz vai avaliar os documentos e, se assim o entender, emitirá uma *"liminar"* ordenando ao Cartório para que suspenda o protesto do título até julgamento da ação, que ocorrerá no prazo de até 30 dias. Há juízes que emitem a liminar, porém a condicionam à exigência de que o interessado deposite o valor do título em juízo, por desconfiarem que a ação de sustação em questão possa ser meramente protelatória.

Se o título não for pago, nem sustado o pagamento pela ação de sequestro no prazo concedido, é lavrado o Instrumento de Protesto, devolvendo-se o título ao apresentante. A partir daí, fica registrado como protestado no Cartório o nome do devedor, constando os dados do título não pago. Várias entidades de proteção ao crédito têm contato direto com os Cartórios de protesto, sendo comunicados imediatamente para incluírem o protestado na sua lista de restrições comerciais e creditícias, dificultando ou impedindo o acesso do devedor a novos créditos. É comum em concorrências públicas a solicitação de certidões negativas de cartórios de protesto para atestar a idoneidade do participante. Havendo qualquer protesto o participante já é eliminado sumariamente do processo. Empresas privadas e também as redes de varejo costumam consultar a existência de protestos antes de conceder crédito.

Para que um título protestado seja regularizado, ou seja, baixado ou cancelado o protesto, o interessado deverá solicitar diretamente ao Cartório. Para tanto, deverá negociar com o credor o pagamento do título e solicitar a emissão da Declaração de Anuência, documento mais conhecido como Carta de Anuência. Neste documento o credor relacionará todos os dados do título protestado e a declaração formal expressa de que não se opõe ao cancelamento do protesto do título em questão e assinará o documento. Se o título tiver sido encaminhado ao Cartório pelo banco onde o título estava em cobrança, este também deverá assinar a Carta de Anuência, ambas as assinaturas com firma reconhecida. Junto a esta Carta de Anuência deverá ser anexado o Instrumento de Protesto lavrado por ocasião do Protesto do título e levados estes documentos ao Cartório, que promoverá a devida baixa.

14.4 Nota Promissória: Decreto Federal 57.663/66

14.4.1 Lei Uniforme em Matéria de LC e NP por Adesão à Convenção de Genebra de 07/06/1930

A nota promissória é uma promessa direta de pagamento do devedor ao credor, estabelecida por compromisso escrito pelo qual o emitente/devedor se obriga a pagar ao beneficiário/credor alguma importância em dinheiro. A nota promissória dispensa a figura do aceite, comentada na análise da duplicata, pois a assinatura do emitente o obriga ao pagamento, dispensando a declaração formal de aceite. Este título de crédito normalmente é utilizado para representar o crédito sobre dívidas pessoais e operações de crédito pelos bancos. Não se recomenda utilizar a nota promissória em outras operações pois, pelo princípio da autonomia, o título de crédito se desvincula da causa que lhe deu origem, não havendo espaço no documento para qualquer referência ao motivo da emissão do título, nem existindo qualquer menção a isto na legislação. A nota promissória pode ser endossada e encaminhada a protesto, a exemplo do cheque e da duplicata, seguindo as mesmas determinações legais.

14.4.2 Operações Com Títulos de Crédito: válido para Cheque, Duplicata, Nota Promissória e outros títulos

Para concluir este importante capítulo em que foram abordados os principais títulos de crédito, conteúdo que poderá enriquecer o rol de instrumentos de administração para os novos empreendedores, serão comentadas as operações mais comuns que podem ser realizadas com estes títulos e que poderão ser utilizadas pelas empresas, facilitando bastante a gestão administrativa e financeira. Uma vez que os empresários passem a utilizar os títulos de crédito em suas operações, convém saber o que fazer com eles para que se tornem líquidos e gerem receita para as empresas.

14.4.3 Cobrança Bancária Simples

Há alguns anos, quando ainda não se tinha tantas facilidades tecnológicas, a exemplo da internet, muitas empresas praticavam a cobrança de seus títulos em carteira, mantendo as duplicatas geradas pelas vendas a prazo em sua tesouraria, deixando a cargo do tesoureiro, quando se aproximava o vencimento dos títulos, ligar para os devedores e combinar os pagamentos. Eram outros tempos em que se mantinha com os clientes um relacionamento de confiança e encaminhar um título ao banco para cobrança poderia abalar este relacionamento.

Nos dias atuais, na correria do dia a dia, práticas como essas não são mais possíveis e as empresas de qualquer porte se valem da agilidade que a tecnologia permite.

Assim, qualquer empresa que tenha conta em um banco pode optar por delegar a cobrança dos títulos de sua propriedade a este banco. É uma alternativa de baixo custo, segura e cômoda para a empresa. Os bancos disponibilizam atualmente sistemas próprios de cobrança para seus clientes, facilitando o encaminhamento dos títulos. Até poucos anos atrás havia dois tipos de cobrança simples, a cobrança sem registro, em que a própria empresa gerava o boleto de cobrança e enviava para seu cliente pagar e, à medida que esses títulos eram pagos, o sistema de cobrança identificava os títulos para a devida baixa e os lançamentos contábeis daí decorrentes. Com a unificação do sistema de compensação de títulos promovida pelo Banco Central a partir de dezembro/2017 com a implantação da Nova Plataforma de Cobrança da FEBRABAN, em que qualquer título pode ser pago, mesmo após o vencimento, em qualquer banco, este tipo de cobrança foi eliminado havendo atualmente apenas a cobrança com registro.

O sistema inicia com o encaminhamento por meio eletrônico (linha de dados, internet) para o banco de uma relação dos títulos gerados com utilização do software disponibilizado pelo banco. Deverão ser informados pela empresa os dados cadastrais do devedor como nome, CPF/CNPJ, endereço, valor e vencimento dos títulos. O banco recebe a relação e faz o necessário registro de cada título no seu sistema, imprime os boletos e manda para os sacados fazerem o pagamento. Nesse momento do registro é debitada a primeira despesa de cobrança (pelo registro do título). No pagamento de cada título será debitado o complemento da despesa de cobrança, quando o valor recebido pelo banco será transferido para a conta da empresa. Este valor das duas taxas é negociável com o banco e vai depender muito do relacionamento e do volume de negociações que a empresa mantém com esse agente financeiro. Precisa se tomar muito cuidado com os valores destas taxas para que seu percentual não seja muito significativo em relação aos títulos em cobrança, pois a empresa poderá estar arrumando um sócio nos seus negócios que é o banco, e corroer suas margens de lucro pelas vendas de seus produtos ou serviços. Uma facilidade deste tipo de cobrança é que a empresa pode orientar ao banco que coloque no boleto o encaminhamento a Cartório de Protesto caso o título não seja quitado até determinado prazo após o vencimento, servindo esta observação como argumento para que o título seja pago pelo sacado.

14.4.4 Desconto Bancário

Havendo a necessidade premente de recursos financeiros pela empresa, e, caso ela tenha junto ao banco um limite pré-aprovado para operações de desconto, poderá antecipar suas receitas. Isto poderá ser feito mediante uma operação de desconto bancário que é uma operação de financiamento, onde o banco adianta recursos para a empresa, com garantia dos títulos encaminhados ao banco para cobrança. O início do processo é semelhante à cobrança com registro. O banco, ao receber a relação dos títulos e o consequente registro em seu sistema, faz um cálculo médio ponderado dos valores e vencimentos e aplica a taxa de desconto do dia. Tomando um montante de R$ 100.000,00 em títulos com uma taxa de desconto ponderado para 45 dias de 9% o banco aplica a taxa e adianta para a empresa R$ 91.000,00 deduzindo antecipadamente a taxa de desconto que, neste exemplo, resultou em R$ 9.000,00. À medida que os títulos vão sendo pagos pelos sacados, o banco vai se apropriando dos valores, pois já os adiantou ao seu cliente, e comunica este pagamento à empresa para a devida baixa do título. Se algum sacado não pagar, o banco debitará na conta da empresa o valor do título não pago, acrescido de juros de mora e eventuais despesas de cartório, caso o título tenha sido encaminhado ao cartório e tenha sido protestado.

14.4.5 Operações com Factoring

As empresas de menor porte têm dificuldade de conseguir com os bancos linhas de crédito para desconto de títulos, porque os bancos encontram dificuldade na hora de se ressarcirem de um título descontado não pago pelo sacado, pois geralmente a pequena empresa não teria esse recurso na conta para o reembolso do título.

Alternativa que pode ser buscada pelas empresas, nesse caso, são as operações com *Factoring*, embora sejam operações de custo bem mais elevado que o desconto bancário e só devem ser utilizadas em casos extremos, para não comprometer demais o seu faturamento.

A *Factoring* é uma empresa de fomento mercantil, cuja finalidade é a compra dos créditos representados nos títulos de crédito. A empresa encaminha à *Factoring* uma relação com os títulos, anexa os documentos e receberá o valor de cada um, deduzida a taxa que será maior do que a do desconto bancário pois o risco envolvido é muito maior. Antes de conceder o crédito a *Factoring* vai entrar em contato com cada sacado para confirmar a existência do título e comunicar que está comprando o mesmo e que o pagamento deverá ser feito a ela. Em seguida uma carta é enviada ao sacado oficializando o que já foi comunicado por telefone e informando a conta para pagamento.

Embora se pareçam com as operações de desconto bancário, as operações com *Factoring* têm outra natureza jurídica. No desconto bancário ocorre um financiamento lastreado em duplicatas e no *Factoring* ocorre a compra dos títulos. O banco, no desconto, tem a prerrogativa do reembolso do título junto à empresa, caso um sacado não pague. A *Factoring* não tem esta condição e, se um sacado não pagar, terá que assumir o prejuízo, pois não há direito de regresso contra a empresa que lhe vendeu os títulos e isso explica também a taxa de juros cobrados, bem maior que a taxa de juros praticada no desconto.

14.4.6 Caução de Títulos

Operação também conhecida pela utilização de Contas Caucionadas ou Contas Vinculadas, constitui-se em excelente alternativa para empresas que não dispõem de cadastro para operar com bancos na modalidade de desconto bancário ou mesmo obtenção de linhas de crédito para cartas de crédito de importação ou capital de giro.

Empresas que não tenham bom cadastro e, mesmo que tenham títulos protestados e situação creditícia bem comprometida, desde que tenham carteira consistente de duplicatas a receber mensalmente podem se comprometer com o banco a colocar em cobrança bancária uma determinada quantia em títulos, previamente negociada.

Estes títulos permanecem na titularidade da empresa, porém à medida que vão sendo pagos, vão se acumulando numa conta vinculada em nome da empresa. Em função desse valor comprometido mensalmente a empresa obtém linha de crédito para desconto, capital de giro e outros serviços que necessitar em valor menor do que o valor acordado para a cobrança mensal. O valor da conta vinculada fica retido no banco para garantir eventuais operações de crédito que a empresa tenha feito com o banco, dentro da linha de crédito obtida e só será transferido para conta corrente normal da empresa quando o valor superar o valor das operações de crédito que a empresa deve ao banco, incluindo as despesas de cobrança e os juros pelas operações. Assim o banco tem a garantia de que seu dinheiro retornará, mesmo que a empresa não tenha bom cadastro nem avalista que se comprometa com pagamento dos valores emprestados.

Epílogo

Ao concluir esta sua segunda obra no ramo de conteúdos para contadores em fase de formação, administradores em formação e já atuando, futuros empreendedores e empresários iniciantes, o Autor tem a sensação de dever praticamente cumprido, exatamente neste ano de 2019, quando completa 40 anos de atividade no Magistério de Nível Superior.

A presente obra traz assuntos extremamente importantes para quem está iniciando o Curso de Ciências Contábeis e até mesmo para quem o está concluindo ou já concluiu e se encontra nos primeiros passos como profissional contábil, atividade que está ganhando cada vez mais importância no cenário nacional. O mesmo se aplica aos estudantes de administração pois o livro está repleto de orientações úteis para a futura carreira e até para os profissionais formados há pouco tempo, ainda sem experiência. Futuros empreendedores e empresários já em atividade poderão também buscar nesta obra preciosas dicas para o sucesso de seus negócios.

Pela legislação brasileira e pelas normas ditadas pelo Conselho Federal de Contabilidade, as empresas são obrigadas a manterem contabilidade formal, em maior ou menor grau de complexidade, como foi abordado neste livro, o que torna o mercado de trabalho para os contadores muito atrativo e com colocação praticamente assegurada aos bons profissionais do ramo.

Este livro pretendeu dar uma visão geral desta contabilidade que precisa ser desenvolvida para as pequenas e médias empresas e, principalmente, as incluídas no Sistema do Simples Nacional, com enorme contingente, reunindo nestas empresas boa parte do universo da mão de obra nacional, bem como grande parte da geração do Produto Interno Bruto brasileiro, e por isto também desperta o interesse de administradores e empresários.

Ao assimilarem os conteúdos desenvolvidos neste livro, os leitores terão excelentes condições de aprovação em disciplinas que os abordarem, assim como os profissionais recém-formados poderão encontrar aqui uma excelente resenha para relembrarem o que aprenderam e que possivelmente já estejam tendo necessidade de colocar em prática.

O Autor teve o cuidado de abordar nos capítulos iniciais aspectos importantíssimos para utilização na atividade de Registro do Comércio, onde os contadores e, eventualmente, os administradores precisam assessorar futuros empreendedores para a constituição de sociedades comerciais. Este assunto inclusive é objeto de trabalho prático nas duas Disciplinas que o Autor ministra na Universidade Federal do Rio Grande do Sul "Contabilidade para Pequenas e Médias Empresas" e "Técnica Comercial", onde grupos de cinco alunos precisam ao longo do semestre simular a constituição de uma sociedade comercial para já irem se familiarizando, ainda nos bancos escolares, com futura atividade que certamente terão que desenvolver para seus futuros empregadores ou clientes.

Assuntos não menos importantes que também foram abordados são os aspectos gerais do Simples Nacional e os cálculos comparativos com o Sistema do Lucro Presumido pois esta é uma das questões que os futuros empreendedores mais têm dúvidas e precisam se decidir já no início das atividades da empresa.

O Autor já havia manifestado em sua obra anterior que a possibilidade de lançar um livro acadêmico ao mercado é a realização de anseio profissional seu como também de muitos colegas professores.

Epílogo

Poder lançar este segundo livro então aumenta ainda mais a satisfação de poder deixar um legado considerável e que certamente será útil para alunos, profissionais e empresários iniciantes, que poderão aprimorar seus conhecimentos e de professores que precisem lecionar alguns dos assuntos tratados.

Ser professor é um ato de coragem e desprendimento. É também de muita responsabilidade, de estar sempre atualizado com os conteúdos ministrados e se dedicar à carreira, divulgando o conhecimento e incentivando o aprimoramento do estudo.

E poder escrever não somente um, mas dois livros, é muito gratificante.

O Autor deixa seu endereço de e-mail para que os leitores possam entrar em contato expondo suas dúvidas ou contribuições para as futuras edições deste livro. Todos os e-mails serão respondidos, na medida do possível.

fernando@universalsaude.com

Referências

ANDRADE, Eurídice Mamede de. Contabilidade comercial: teoria e prática. Rio de Janeiro: Campus, 2002. ISBN 853520895X.

Código Comercial Brasileiro – Lei 556 – 25/06/1850.

Conselho Federal de Contabilidade. Normas Gerais e Específicas da atividade contábil. Brasil: CFC, Diversos.

Conselho Regional de Contabilidade RS. Publicações do Conselho Regional de Contabilidade. Manual de Registro do Comércio. Porto Alegre, 2017.

MARTINS, Fran. Contratos e Obrigações Comerciais – incluindo os contratos de representação comercial, seguro, arrendamento mercantil (leasing), faturização (factoring), franquia (franchising), know-how e cartões de crédito. Rio de Janeiro: Forense, 1999.

MARTINS, Fran. Curso de direito comercial. Rio de Janeiro: Forense, 2005. ISBN 8530922638.

Novo Código Civil Brasileiro – Lei 10.406 – 10/01/2002.

OLIVEIRA, Jorge Alcebiades Perrone de. Titulos de crédito. Porto Alegre: Livraria do Advogado, 1996.

PAES, P.R. Tavares. Curso de direito comercial. Sao Paulo: Revista dos Tribunais, 1985. ISBN 8520304591.

REQUIÃO, Rubens. Curso de direito comercial, v. 2. São Paulo: Saraiva, 2009. ISBN 9788502077027.

REQUIÃO, Rubens; Requião, Rubens Edmundo. Curso de direito comercial, v. 1. São Paulo: Saraiva, 2009. ISBN 9788502077034.

SANTOS, Fernando de Almeida. VEIGA, Windsor Espenser. Contabilidade com Enfase em Micro, Pequenas e Medias Empresas. Sao Paulo: Atlas, 2014. ISBN 9788522489107.

TEIXEIRA, Egberto Lacerda. A Nova Lei Brasileira do Cheque. Saraiva, 1986.